KB111019

들사람 **노명환 이야기**

들사람 **노명환 이야기**

초판 1쇄 인쇄   2022. 11. 24.
초판 1쇄 발행   2022. 12. 12.

지은이   노명환
펴낸이   김경희
펴낸곳   (주)지식산업사
　　　　　본사 ● 10881, 경기도 파주시 광인사길 53(문발동)
　　　　　전화 031-955-4226~7 팩스 031-955-4228
　　　　　서울사무소 ● 03044, 서울시 종로구 자하문로6길 18-7
　　　　　전화 02-734-1978, 1958 팩스 02-720-7900
　　　　　영문문패 www.jisik.co.kr
　　　　　전자우편 jsp@jisik.co.kr
　　　　　등록번호 1-363
　　　　　등록날짜 1969. 5. 8.

책값은 뒤표지에 있습니다.

이 책에 대한 문의는 지식산업사로 연락해 주시길 바랍니다.

들사람

노명환 이야기

노명환 글 ㅣ 김시열 엮음

지식산업사

나는 글 잘 쓰는 작가나 학자가 아닙니다.

학교 가방끈이 짧아 한 많은 삶, 오직 책으로만 외롭게 공부하다가 내가 존경하고 많은 사람이 존경하는 세 분 큰 스승님을 만나게 됩니다. 함석헌 선생님, 장기려 선생님, 이오덕 선생님.

함석헌 선생님은 자유 민주 정의 평화를 위해 한 삶을 사셨고 일찍이 노벨평화상을 받은 미국의 유명한 종교평화 단체에서 선생을 두 번이나 노벨평화상 후보로 추천했지요.

장기려 선생님은 한 삶을 오직 이웃사랑으로 사셨어요.
선생님은 부산에 큰 병원(복음병원) 원장으로 일하면서 집 한 채 없이 병원 옥상에서 사셨지요. 한국의 슈바이처 성자라 일컬음을 받으셨지요.

이오덕 선생님은 '우리말이 살아야 우리얼이 살고 우리얼이 살아야 우리 겨레가 산다'고 말씀하셨고 말이나 글은 쉬운 우리말로 쓰자고 하셨어요.

나는 세 분 선생님을 만나 삶이 180도로 바뀌었어요.
밑바닥 삶에서 희망찬 삶으로 이런 글이 이번에 낸 책에 실려 있습니다.
이 책을 만들어 주신 지식산업사 김경희 사장님과 편집을 맡은 김시열 님께 고마운 인사드립니다.

{ 　　　차 례　　　 }

04　　　들어가는 말

1부 인연
삶을 뒤바꾼 편지 세 통

18　　　1장 | 함석헌과 노명환, 들사람 정신으로
60　　　2장 | 장기려와 노명환, 나눔의 길로
76　　　3장 | 이오덕과 노명환, 헛된 삶 들추는 참말로

2부 나눔
세상을 밝히는 땀 방울

84　　　4장 | 몸을 나누며
113　　　5장 | 산을 받들며
123　　　6장 | 말을 바루며

146　　　추천 글 1 | 우리 자형, 노명환을 말한다
　　　　　인요한(세브란스병원 국제진료센터 소장)
148　　　추천 글 2 | 노명환 선생 문집 발간을 기뻐하며
　　　　　김조년(한남대 명예교수)
151　　　추천 글 3 | 씨올정신으로 우뚝 선 의로운 사람
　　　　　박선균(《씨올의 소리》편집장)
154　　　노명환이 꿈꾸는 씨알 세상
174　　　노명환이 쓴 해적이 (걸어온 길)
178　　　발행인의 편지

1부

삶을 뒤바꾼 편지 세 통

인

연

노형께

그동안 수고하셨습니다. 우리는 가만히 있고 혼자 수고하시게 해서 미안합니다.

그러나 수고하셨지만 이기셨으니 감사합니다. 오늘 마침 면회를 몇이서 갔었는데 가보니 벌써 10일에 나오셨다 해서 기쁘고도 섭섭했지요. 이향, 홍우표, 박선균, 배청수가 같이 갔었습니다.

그런데 부인이 또 그렇다니 어떻게 해요?

우리는 전혀 모르고 있다가 신문 보신 분들이 말을 해주어서 비로소 댁으로 편지를 냈댔습니다. 그랬더니 부인이 회답을 주셔서야 자세한 것을 알고 홍우표 씨가 두루 찾아서 서대문[1]에 계신 것을 안 것이 일월 말경末頃이 될 것입니다. 그런데 부인이 내게 회답을 주신 그때까지도 말이 없었는데, 그 후에 그러신건가요? 참 답답합니다.

---

1) 서대문 : 서대문 형무소

잡지 일이 바빠서 한번 가지도 못합니다. 부산 모임에 갔을 때 사정을 말했더니 거기 여러 교우들이 부인한테 보내드리자고 돈 만구천萬九千환을 모아주어서 가지고 온 것이 있습니다. 부쳐드리겠습니다.

그럼 만날 날 기다리며 이만 씁니다.

1973년 2월 14일

함석헌

노명환 선생님 앞

오늘 주의 날 아침입니다. 선생의 글월 받고 곧 회답을 드려야 하겠다고 생각하고 있으면서 지금까지 늦어졌습니다. 우리는 얼굴을 대하는 것이 그렇게 기쁜 것을 금년 여름 수양회에서 느꼈습니다. 나는 선생의 얼굴에서 그 의지의 강하심과 또 그 마음의 뜨거운 사랑(조국과 동포에 대한) 그리고 사물을 깊이 인식하고자 하는 이성(즉 인격)의 소유자임을 느끼고 존경하는 것입니다.

부산 모임은 모든 것이 다 부족하오나 진리를 사모하는 이들과 늘 하나가 되고 싶은 마음으로 모이고 있습니다. 물론 우리나라의 평화와 세계인류의 평화를 기도하면서 성경 진리에서 배우고자 힘씁니다.

광주에서 오셨던 김명수 님 그분, 후에 부산에 오셔서 들려주셨고 또 고향에 가서서 큰 한지韓紙에 십자가형十字架型으로 〈시 23절〉을 써서 보내주셨습니다. 서예작품으로 뜻깊은 기념물이 되겠습니다. 그분이 흥사단에서 일하시는 것만으로 나는 존경해마지 않습니다. 우리나라의 희망입니다.

특히 주님의 일꾼으로 믿고 경의를 표합니다.

평화의 공동체. 얼마나 좋은지요. 이것을 위하여 노력하는 이들 또 그것을 표현하는 이들 어떻게 희망을 주었던지요. 그러나 저는 이것은 이상이지 현실에서는 어렵다고 보았습니다. 현실에서는 우리 각자가 주 안에서 구원받은 자의 생활을 하는 것이 첫 단계라고 믿사오며 다음에는 성령의 인도로 이웃을 위하여 사랑을 게을리 하지 않는 것이 하나님의 나라를 얻는 데 필요하다고 믿습니다.

물론 주님의 재림과 더불어 하늘에서 내려오는 그 나라를 믿고 기다리는 태도로 살고 있습니다. 이 믿음이 헛것이라면 나는 불쌍한 자가 될 것입니다. 이 소망은 날이 갈수록 새로워집니다. 나는 이것을 감사하고 삽니다.

그러면 우리 주 안에서 소망과 사람 믿음을 가지고 장기려 드립니다.

1981년 9월 6일

장기려

노명환 선생님께

편지 반갑게 받아 읽었습니다.

뜻을 같이할 훌륭한 분을 만나게 되어 여간 기쁘지 않았습니다. 그 씨알 모임 대표되는 한 분이 선생님 글을 읽고 다시 글을 써서 보내셨다는 이야기, 참 귀한 이야기이고, 훌륭한 분이란 생각이 듭니다. 그런 분이 하시는 그 씨알모임을 저는 잘 모릅니다만, 그 이야기만 들어도 한없는 믿음이 갑니다. 기회 있어 언젠가는 만나게 되기를 바랍니다.

저는 〈새누리신문〉을 받아 봅니다.

선생님 주소는 신문사에서 알려준 것이 아니고, 신문을 보고 알았습니다. 저는 교회에 나가지는 않습니다만 생각의 바탕은 아무래도 기독교라 해야 하겠습니다. 〈새누리신문〉은 그 내용이 좋아서 보고 있습니다.

회비를 달마다 5천 원씩 내실 필요가 없습니다. 1천 원씩만 내어 주십시오. 벌써 회비 받아서 낼 생각은 안 했는데, 둘레에 있는 분들이 그렇게 해야된다고 해서 광고를 한 것입니다. 또 생각해 보니 그냥 자꾸 보내기만 해서는 몇 해를 가도 받고 있는지 안 받았는지 소식조차 없는 경우가 생겨날 것이고, 이사를 가도 알리지 않는 사람이 있어 공연히 힘을 낭비할 것 같았습니다.

그런데 이렇게 회비라고 해서 받고 보니 또 미안합니다. 한 달에 한 번씩 모임에 오시겠다니 너무나 반갑습니다. 아직은 그저 몇 사람이 모여 그동안 있었던 일을 서로 이야기하고 회보에 실린 글 이야기를 하는 정도입니다. 앞으로 한 사람이 짧은 시간이라도 연구한 것을 발표하고 토론 협의 같은 것도 했으면 하는 생각입니다. 회보는 1천부를 인쇄해서 그날 모인 사람들이 필요한 대로 가져가도 되도록 하고 있습니다.

사람이 해야 할 일이 갈수록 어렵다는 생각을 합니다. 그러나 말을 살리는 일만은 어떻게 해서라도 해야 한다는 믿음으로 남들이 보면 비웃을 일을 하고 있습니다. 노 선생님. 부디 이 일을 하는데 큰힘이 되어 주시기 바랍니다.

다음 3호도 월례모임 때까지는 나오게 될 것입니다. 그동안 부디 건강하시기 바랍니다.

1993년 8월 1일
이오덕 드림

부안 채석강 하얀 모래톱 위를 밤새 맴돌며 반짝이던 별 셋 내려온다.
별은 우렁우렁 말꽃 담은 편지로 몸을 바꾼 채 그이 품으로 날아든다.

노명환
그는 몰락한 유자의 후예이다.

노명환은 1935년 12월 28일. 전라북도 부안군 부안읍 연곡리에서 아버지 노기
환과 어머니 김복례 사이에서 맏아들로 태어났다. 부모는 거짓 없고 인자하였다.
그는 가난 때문에 중학교에 가지 못하고 낮에는 나무꾼으로 품팔이로 일하고 밤
에는 초등학교 동창인 5촌과 고등학교에 다니는 6촌 형한테 교과서를 빌려 읽으
면서 배움에 목마름을 적신다.

노명환이 함석헌 선생을 만난 것은 1960년 8사단 포병사령부에 복무할 때였다.
신병 때 맹장이 터져 육군병원으로 후송됐는데, 입원해서까지 책을 손에서 놓
지 않는 것을 지켜본 중사 한 사람이 《뜻으로 본 한국 역사》를 주면서 읽어보길
권했다. 함석헌이란 이름을 들어본 적도 없을 때였는데 이 책으로 평생 스승과
첫 인연을 맺었다.
수술을 끝내고 다시 부대로 복귀하자 노명환은 더욱 책에 파고들었다. 사병들
월급이 거의 없다시피 한 때였는데 그 병아리 눈물 같은 월급에 하루 나오는 담

배 10개비를 차곡차곡 모아서 팔아 돈을 보태 책을 샀다. 담배를 받으면 하루 만에 피워 없앨 것이 뻔한지라 동기인 일종계에 부탁해서 열 개비가 한 갑이 되고 그 한 갑이 한 보루가 될 때까지 모았다. 한 보루가 되면 외출할 때 내다 팔고 모아놓은 월급을 보탰던 것이다. 그때 볼만한 잡지라곤 《사상계》밖에 없었다.

밤마다 불침번을 서는 보초병 옆에서 《사상계》를 읽었다. 이때 노명환 모습이 얼마나 인상 깊었으면 전역할 때 동료들이 써주는 〈추억록〉에 한 병사가 "자다가 깨어 보면 언제나 빼치카(겨울에 조개탄을 피우는 곳)옆에서 책을 보는 노 병장님이 있었습니다."라고 적었을까.

《사상계》의 주요 필진 가운데 한 사람이 함석헌이었다.

처음에는 〈생각하는 백성이라야 산다〉 같은 글이 가끔 실렸는데 나중에는 거의 달마다 함석헌 선생 글을 실었다. 나중에야 알았지만 함 선생 글이 실리면 사상계 몇만 부가 더 팔렸다는 이야기가 돌 정도로 유명한 사람이었다. 펜으로 당시 이승만 독재정권을 흔들었고 이러한 활동은 박정희 군사독재정권에서도 멈출 줄 모르고 이어진다. 노명환은 함석헌 글을 읽을수록 그의 생각에 공감하고 주장에 깊이 빠져들어 골수 독자가 되어갔다.

책에서 맺은 인연으로 1970년 4월 19일 함석헌이 《씨올의 소리》를 창간하자 노명환은 바로 영구 독자가 되었다. 이로부터 함석헌과 노명환은 영원한 스승과 제자이자 자유정신의 뜻을 나누는 벗으로서 한길을 걷는다.

장기려 박사와 이오덕 선생과 인연도 남다르다.

두 사람은 '나라와 겨레를 사랑하는 인격자'로 '노 선생한테 배울 것이 많다. 스승으로 여기겠다.' 같은 말로 명환을 아끼는 마음을 드러낸다.

네 사람의 인연을 꼭 들어맞게 나타낸 '우리 곁에 있는 우뚝한 어른'이란 독특한 제목의 짧은 글이 있다. 2016년 '우리말 살리는 겨레' 모임이 노명환에게 준 상패에 새긴 글이다.

"가난한 한학자 맏이로 전북 부안에서 태어나 야간 중학교조차 못나와 새끼꼬면서 지게 지고 다니다가 틈만 나면 밭두렁에서도 책을 벗삼아《사상계》잡지에서 함석헌 선생을 알고, '들사람 얼'(자유정신)을 배워 유신악법을 규탄하며 〈사람답게 죽자〉라는 글을 《씨올의 소리》에 썼다가 군법재판에서 형을 받고 옥살이 끝에 일터에서 밀려났다.

함 선생의 소개로 장기려 선생을 뵙고 "노 선생을 만날 때마다 나라와 겨레를 사랑하는 인격자"라는 치하를 들었다. 우연히 신문에서 이오덕 선생의 글을 읽고 편지로 가르침을 받다가 "노선생한테 배울 것이 많다. 스승으로 여기겠다"는 큰 사랑과 존경을 깨우치면서 '우리말 살리는 겨레모임'운영위원·공동대표를 맡아오고 있다.

  사람으로서 지킬 도리를 말없이 다해오고 있는 이 분과 더불어 일하는 우리는 늘 가슴 뿌듯하고 자랑스럽다."

1장

함석헌과 노명환 – 들사람 정신으로

사람답게 죽자

기다리던 《씨올》10월호를 보고 10월 15일 내린 위수령 소식을 들었습니다.

구석구석 이름 없는 씨올들이 분개하는 것을 보았습니다. 어느 소갈머리 없는 놈은 또 그래야만 된다며 대학생들이 공부는 않고 데모만 하느냐고 독재를 써서라도 억눌러야 한다는 노예의 소리를 뱉는 걸 듣고 더욱 분개했습니다.

신문은 눈치를 보느라 바른

말을 못 하고 지성인들도 기대할 수 없고 오직 속 시원히 말할 수 있는 분은 함 선생님밖에 없노라 생각했지요. 과연 10월호 〈군정 10년을 돌아본다〉에서 매섭게 비판해주셨고, 5.16 뒤 아무도 말 못 할 때 바른말 하신 그때 그 문제가 어쩌면 오늘 그렇게 적중하는지 그 통찰력이 놀랍습니다.

말씀 마지막에 "이놈들아,...씨올아 일어서자! 밤낮 짐승 노릇만 하겠느냐? 한번 사람답게 죽어보자!"

얼마나 시원하고 통쾌한 말인지 모르겠습니다.

그렇습니다. 어떻게 사느냐보다 사람답게 죽는 그것이 문제 아닙니까? 먼저 자신부터 그리고 씨올이 속한 직장에서 단체 안에서 부정과 부패 부정의에 저항합시다. 도전합시다. 죽음을 각오할 때 두려움이 무엇입니까. 우리가 바로 죽기를 망설이는 것은 비겁 때문이요 가족 때문입니다. 용기를 냅시다. 씨올의 가족을 내 가족처럼 돌봅시다.

서신으로 서로 격려합시다. 저도 편지 쓰겠습니다. 저에게도 보내주십시오.

《씨올의 소리》1971년 11월호

노명환의 '사람답게 죽자'란 글을 《씨올의 소리》는 1971년 11월호에 싣는다. 그때는 이 글이 얼마나 큰 파장을 몰고올 지 아무도 몰랐다. 그 엄혹한 박정희독재시절이라 함석헌 선생을 감시하고 《씨올의 소리》독자들을 주의 깊게 지켜보고 있겠구나 짐작만 할 뿐이었다. 이 글로 노명환은 중앙정보부가 단단히 지켜보는 요주의 인물이 되었고 함석헌 선생과 뵙고 인연을 맺게 된다. 그의 나이 39세. 함석헌 선생 70세 때이다.

그는 박정희 독재정권 실체를 드러내는 싸움판으로 뛰어든다.

위 글을 실은 11개월 뒤인 1972년 10월. 유신헌법을 반대하는 글 한 편을 노명환이 써서 다시 《씨올의 소리》에 보낸다. 편지를 부치고 이틀이 지난 아침. 일하던 순천 결핵요양원에 경찰서 백차 한 대가 들이닥친다. 끌려간 그날 밤샘조사를 받고 다음 날 아침에 풀려난다. 경찰들이 어떻게 이렇게 빨리 알았을까?

《씨올의 소리》영구 독자였고 몇 차례 글을 실었던 노명환은 정부 요시찰 인물이어서 그가 보낸 편지는 모두 검열을 당했다. 박정희 독재정권은 그들이 감시하는 인물들 편지는 봉투를 뜯지 않고도 편지지 글자를 읽을 수 있는 최첨단 기계까지 갖다놓고 감시망을 촘촘하게 펼쳤던 것이다. 안타깝게도 이 글은 지금 남아 있지 않다. 노명환은 글을 보냈고 《씨올의 소리》가 그 글을 받기도 전에 경찰에서 압수해 없애버렸다.

풀려난 날 저녁에 다시 백차가 들이닥쳤다.

이번에는 경찰서가 아닌 중앙정보부 광주지부에서 보낸 차였다.

노명환이 고난의 길로 들어서기 시작한 날이다. "…어떻게 사느냐보다 사람답게 죽는 그것이 문제 아닙니까? 먼저 자신부터 그리고 씨올이 속한 직장에서 단체 안에서 부정과 부패 부정의에 저항합시다. 도전합시다."라는 그의 말처럼 부정과 부패 부정의에 맞서 저항의 횃불을 든 날이었다. 노명환 나이 36살 때였다.

그는 '옥중에 계신 k형'이란 글에서 이때 보고 겪은 비리를 낱낱이 고발한다.

옥중에 계신 K형께

세월이 많이 흘렀군요.

아직도 옥중에 계신 K형! 요즘 건강은 어떠십니까? 형은 날 몰라도 나는 형을 알고 있소. 한 번도 이야기 나눈 적 없지만 형을 알기는 그 유명한 잡지에서 그 유명한 시로 만났고 (실제로 만난 것은) 그 뒤 1971년 12월 내가 아끼는 잡지 독자 모임에서였습니다.

시를 통해서 안 K형이 그처럼 젊고 그처럼 순하디순하게 생긴 사람일 줄이야. 그 자리에서 형은 도무지 말이 없었소. 승화된 시의 언어로만 말할 수 있고 잡다한 언어로는 말할 수 없었던 형. 그 형이 그 엄청난 죄명으로 구속되어 지금도 거기 계시다니. 나는 형이 그런 죄를 범했다고 믿을 수가 없소. 나뿐이겠습니까? 지성인으로 시인으로 사탕발림 꿀 발림한 말이 아니고 직설적, 너무나 통쾌한 언어들을 구사하므로 오해를 샀겠지요.

그 말들을 누가 막겠습니까?

옛날 이스라엘 예언자들도 두려움 없이 외칠 수 있었던 것은 그들 혼자 내는 소리가 아니고 여호와 하나님의 음성을 들었기 때문이지요. 형은 민중 속세서 하나님의 음성을 듣고 어쩔 수 없어 외쳤을 겁니다.

여름이면 찌는듯한 무더위와 겨울이면 혹독한 추위 속에서도 형을 잊어본 적이 없소. 형을 생각하며 그 무더위 그 추위를 꿋꿋이 견디며 살아내고 있소.

나는 1972년 11월 감옥에 갔다가 1973년 2월에 나왔으니 겨우 3개월, 유치원 졸업 자격도 못 되지요. 비록 3개월이지만 많은 것을 보고 느끼고 지금 나라에서 내걸고 있는 서정쇄신을 나 혼자 그 안에서 했지요.

지금 그곳 생활은 얼마나 바뀌었는지요?

거의 10년 전에 겪었던 그때 생활을 여기 적어보렵니다.

나는 자유의 혼은 아무리 두 겹 세 겹 창살과 벽돌로 막아도 가두어둘 수 없다는 것을 체험했소. 그때 나는 영혼이 한 마리 새가 되어 창살을 벗어나 자유의 푸른 하늘을 훨훨 날아다녔고 집으로 가서 가족들과 이야기도 할 수 있었답니다.

그래서 깨달음이 깊은 분들은 '자유는 감옥에서 알을 깐다'거나 감옥은 인생 대학'이라고 했는가 봅니다. 그 안에서 세례 요한도 예수님도 바울도 구약에 나오는 예언자들도 만날 수 있어 위로를 받았습니다. 더욱이 지금처럼 〈구속자를 위한 기도회〉란 모임은 없었지만 함 선생님께서 어떻게 아시고 기도까지 해주셨답니다.

내가 외친 말('사람답게 죽자'란 《씨울의 소리》글)에 대한 책임을 질 때가 1년 뒤에 찾아온 것입니다. 그때 나는 내가 생각하는 솔직한 심정을 적어 벗들에게 보냈습니다. 나는 생각했습니다. 내가 느끼는 것을, 내 마음을 붙잡고 있는 것을 글로 써놓고 보내지 않는다면 나는 나를 속인다고 생각했습니다. 나는 내가 외친 말을 글로 써서 보냈고, 예상대로 감옥에 가게 된 것입니다.

나는 재판관 앞에 섰습니다. 재판관은 끝으로 할 말은 없느냐고 물었고 나는 할 말이 있다고 말했습니다.

"내가 이곳에 선 것은 내가 한 일에 대한 심판을 받기 위해서입니다. 공정한 재판을 바랍니다. 아울러 이곳 감옥의 부정부패 부조리를 모두 고발하겠습니다" 여기까지 말했을 때 재판정 안은 숙연해졌습니다. 피고가 무슨 고발을? 의아했을 겁니다. 재판관은 재판이 끝나고 진술서로 제출하라고 해서 감옥 안에서 보고 듣고 겪은 일들을 빠짐없이 적어 냈고, 이로 말미암아 나는 감옥에서 심한 정신적 고통을 받았습니다. 그리고 인간이 가진 나약성과 비겁함을 보았습니다. 나는 놀랐습니다.

생전 처음 와 본 감옥, 더구나 비상계엄령 때인데 그 안에는 엄청난 부조리가 퍼져 있었으니 딴 곳도 그럴 것이며 평시에는 또 얼마나 심할까 생각했습니다. 나는 감옥에 와서 조그마한 일이라도 하자고 마음먹었습니다. 그래서 감옥에서 벌어지는 부정을 고발해서 전국에 이런 일이 다시는 일어나지 않도록 하자고 행동에 옮긴 것입니다.

내가 고발하기 전날 밤, 그러니까 재판을 받기 전날 밤. 교도관들이 내가 고발할 것을 미리 알고 숙직실로 불러 우유를 주며 여러 가지 말로 회유했습니다. "잘 봐달라. 특실에 보내주겠다"따위 말로. 나는 거절했습니다. 같은 방에 수감되었던 J지방 모 정당 간부들도 극구 말렸습니다.

"우리 한배를 탔으니 함께 행동하자. 우리도 고발하겠으니 여기서는 좀 편히 지내다가 고등군법회의에 가서 같이 고발하자"고 구슬렸습니다. 나는 역시 거절했습니다.

잠깐 편하자고 부정을 눈감으면 부정은 더욱 커질 것이며 거기를 떠나면 증인과 증거가 없어지기 쉬워, 이튿날 재판정에서 고발한 것입니다.

대질 심문이 있자 어젯밤까지 내게 사정을 하던 교도관들은 돈을 요구하거나 받은 사실이 없다고 딱 잡아떼었습니다. 돈을 요구하거나 받은 자들도 모 정당 간부들이 시킨 대로 돈을 받은 사실이 없다고 말해 나만 궁지에 몰렸습니다.

그러나 너무나 분명한 사실과 증거 때문에 교도관 가운데 한 사람은 스스로 사표를 냈고, 다른 사람들은 결국 법의 심판을 받았습니다. 한 방에 있던 다른 사람들은 침묵으로 일관했으나 모 정당 간부란 자들은 "노명환이란 놈 때문에 편히 지내지 못한다. 저놈을 죽이겠다"고 으름장을 놓았습니다.

그 안에서 그들과 맞설 수도 없고 나는 그저 도살장에 끌려온 소처럼 묵묵할 뿐이었습니다. 지금 생각하면 그때 벌 받은 교도관들에게는 지금도 미안합니다. 그들 몇이 미워서가 아니라 그와 같은 부조리가 전국 유치장과 교도소에서 일어나지 않기를 바라서 한 일이었습니다.

그날 밤 벌 받은 사람 가운데 한 사람은 내가 있던 방 창살을 붙들고 울었습니다. "앞으로 자식들하고 어떻게 살아가야 할지 모르겠다"면서 "그러나 당신에게는 유감이 없다"며 상관들을 원망했습니다. 내 마음도 아팠습니다.

항소가 끝나고 나와 같은 방에 있던 미결수들이 서울 가는 야간열차를 탔습니다. 나를 죽인다고 아우성치던 자들이 말했습니다. "당신이 미워서 그런 게 아니고 (조금이라도 편하게 지내고자)일부러 교도관들 편을 들었다.(비겁하고 나약한 인간들이여!) 침묵을 지킨 사람들은 "말은 안 했지만 당신 편이었다. 얼마나 속 시원했는지 모른다. 혼자 수고 했다"고 말했습니다.

이 일로 나는 정신적으로 고통을 받아 심장병까지 생길 정도였습니다. 제대로 된 나라라면 정치 폐단을 고친 공로로 표창장이라도 받았을 텐데.

구치소에서 부정 부조리는 여기다 쓸 수 없을 정도입니다.

지방보다 훨씬 더했는데 그들 말에 따르면 당시 박봉으로는 (부정 부조리 없이) 도저히 생활이 안 된다는 것입니다. 듣는데 대놓고 그런 말을 할 정도니 그 안에서 돈의 힘은 너무나 크고 법은 가난하고 약한 자에게 너무나 멀다는 느낌이었습니다.

어느 절도범은 이런 말을 했습니다. "작은 도둑이 큰 도둑 물건 좀 훔친 게 뭐 큰 죄냐?"

감옥에서 잊을 수 없는 일은 부정 부조리뿐이 아니었습니다.

내가 입고 있던 수의, 빤지가 얼마나 됐는지 때가 절어 반질빈질하고 참을 수 없는 역겨운 냄새, 너무도 더러워 가족이 면회 왔을 때 옷을 뒤집어 입고 나갔지요. 어떻게 사람에게 그런 옷을 입힐 수 있을까? 그런 옷을 입고 과연 개과천선할 수 있을까? 감옥에는 피부병 환자들이 수없이 많았습니다. 옷뿐이 아니었습니다. 10초 안에 세수하기, 10분 안에 목욕하기 따위 고칠 것 투성이였습니다.

나는 항소해서 실형 3개월을 살고 나오자마자 보고 겪은 부정과 부조리한 일을 정리해서 청와대 비서실장 앞으로 탄원서를 냈습니다. 탄원서는 법무부로 이관되어 법무부 장관 이름으로 교도 행정을 바로 잡겠다는 답장이 왔습니다만 이 일로 하여 직장에서 쫓겨났고 그 뒤 거리의 사람이 되었습니다.

대구에서 "○○사소. ○○○수리하소" 소리치는 거리의 장사꾼이 되었습니다. 그러다가 '넝마주이 예수'를 만나게 됩니다. 예수가 넝마주이일 줄이야! 나같이 거리를 헤매는 사람을 구하고자 몸소 넝마통을 메고 땀범벅으로 거리를 헤매시다니!

《씨알의 소리》 1980년 1,2월호

박정희 독재정권은 노명환에게 징역3년을 구형했지만, 감형받아 3개월 형을 살고 나온다. 이렇게 일찍 나올 수 있었던 것은 군사법정이 보기에도 구형량이 가혹하다고 판단해 낮추었을테지만, 그의 아내가 손을 썼기 때문이기도 하다.

한국형 앰뷸런스를 개발하고 북녘 동포 돕기에 앞장선 전라도 토박이 의사 인요한(세브란스 국제진료센터 소장)의 아버지인 미국인 휴 린튼(한국이름 인휴)이 노명환의 아내 송옥자의 자초지종을 듣고 박정희정권에 구명운동을 해 주었다.

인휴는 박정희 정권에 웬만한 말은 통하지 않음을 알고,

"명환이 사람은 착하지만 정신이 좀 오락가락 한다."는 말로 둘러댔고 군사법정에서 그 말을 참작했는지 어쩐지 알수는 없지만 형량이 10분의 1로 줄었다.

인요한과 인연은 송옥자가 고등학생 때 서너 살이 어린 인요한을 돌본 일로부터 비롯된다. 인요한은 그의 자서전 《내 고향은 전라도 내 영혼은 한국인》에서 〈따뜻한 그 이름, 옥자 누나〉란 꼭지에 다음과 같이 썼다.

"우리는 삶의 골목에서 우연히 혹은 운명적으로 누군가와 마주치고 헤어진다. 함께 한 시간이 비록 짧아도 잊을 수 없는 사람이 있고, 오랜 세월 함께 했어도 별 의미 없는 사람도 있다. 아름다운 추억으로 남은 사람도 있고 불쾌한 기억으로 남은 사람도 있으며, 한때는 애절했으나 까마득히 잊은 사람도 있다.

내 곁을 스쳐 간 많은 사람 가운데 가장 애틋한 마음이 남아 있는 사람이 있으니 그 사람은 바로 '옥자 누나'이다. 송옥자 누나. 누나를 생각하면 가을날의 낙엽을 보듯 가슴이 스산하게 저려 온다.

나의 유년시절 때였다. 당시 고등학교에 다녔던 옥자 누나는 내 베이비시터였다. 우리말로 하면 유모인데, 젖을 먹여 키우지는 않았으므로 '애를 돌보는 고학생'이라고 해야 할 듯하다.

나는 어머니보다 옥자 누나의 손에서 더 많이 자랐다. 위로 세 형은 어머니가 직접 키웠지만, 이후 어머니 일이 많아지자 옥자 누나의 도움이 절실했던 것이다. 나보다 10여 살이 더 많았던 옥자 누나는, 나 때문에 어머니에게 참으로 많이 혼났다.

"옥자, 요한이가 해선 안 될 일을 가만히 내버려 두면 안 돼요. 절대로. 그런데 같이 놀러 다니기까지 하면 되겠어요?"

"네, 주의하겠습니다."

그러나 그것이 잘 지켜지지 않았다. 이제 겨우 서너 댓 살 된 남자아이를 어떻게 방안에 가만히 가두어 둘 수 있겠는가.

나는 늘 어떻게 하면 선교부 밖으로 빠져나가 놀 것인가, 그런 생각만 했다. 옥자 누나는 어머니에게 꾸지람을 많이 들었다. 내게 너무 많은 자유를 허용한다는 이유에서였다. 이유야 어쨌든 누군가에게 싫은 소리를 듣는 것을 기분 좋게 넘어갈 사람은 없을 테지만, 옥자 누나는 천성이 낙천적이고, 항상 웃는 얼굴이었다.

나는 막내였기에, 막내가 다 그렇다는 뜻은 아니지만, 유달리 고집이

셌다.

또 한국인이 아닌 미국인이었다. 말이야 자유스럽게 통했지만 나라는 아이가 옥자 누나에겐 그리 쉬운 상대가 아니었다. 여느 한국 아이였거나 동생이었다면 나는 많이 쥐어박히고 두들겨 맞았을 게다. 하지만 옥자 누나는 늘 묵묵히 내 곁에 있어줬다.

내가 산으로 뛰어 올라가면 가지 말라고 말려야 하는데 내 뒤를 조용히 따라왔다. 나무에 오르면 오르지 말라고 해야 하는데 오히려 엉덩이를 받쳐줬다. 오르지 못하게 해봐야 말을 안 들을 게 뻔하므로, 다치지나 않게 해주어야겠다는 마음 씀씀이였다.

옥자 누나는 그림자처럼 그렇게 내 뒤를 따라 다녔다. 덕분에 나와 친구들은 든든한 보호자 밑에서 노는 격이었다. 자치기를 하다 문득 고개를 돌려보면 옥자 누나가 지그시 보고 있고, 골목길을 막 뛰다가 뒤를 돌아보면 저만치 뒤처져 따라오던 그녀가 어느새 바짝 다가와 있었다.

그러니 나는 아무런 걱정이 없었다. 그녀는 아주 무리한 요구가 아니라면 내 요청을 다 들어줬다. 감나무에서 감을 따주고 새총을 만들어 주고 공기놀이를 함께 하고 모래밭에서는 두꺼비집을 만들고 같이 군불을 땔 때기도 했다.

그러고는 피곤에 지친 나를 아랫목에 재우는 것도 누나의 일이었다.

옥자 누나는 언제나 나를 감싸줬고 지켜줬다. 부모님은 물론이지만, 옥자 누나는 내가 없어지면 어디에 가면 나를 찾을 수 있는지 척하니 알고 있었다.

유모이기 때문에, 금전적 대가가 있었음으로, 외국인 선교사와 한국인의 관계 때문에 그랬던 것은 절대 아니었다. 철들기 한참 전에 그녀를 만난 것은 정말이지 행운이었다.

옥자 누나를 통해 나는 인간에 대한 사랑이 무엇인지를 알았고, 참된 이해가 어떤 것인지를 알게 되었다. 이제 할머니가 된 옥자 누나는 지금 경기도 파주에 살고 있다."[2]

위 책을 만들 때 출판사 실수인지, 지은이 착오였는지 '옥자 누나는 지금 경기도 파주에 살고 있다'는 대목은 잘못 알고 있는 내용이다. 노명환과 그 가족은 1986년 경기도 양주로 옮겨서 지금껏 살고 있고 파주에는 산 적이 없다.

노명환 가족도 인요한으로부터 참 많은 신세를 졌으니 대를 이어 도움을 받은 셈이다. 노명환이 걸렸던 대장암도 세브란스 병원 국제진료센터 소장이었던 인요한 덕분에 2013년 3월26일 세브란스에서 수술한 뒤 완치 판정을 받았고. 5년 뒤인 2018년 찾아온 류마티스를 치료하는데도 또한 그의 힘이 컸다. 세브란스병원 가정의학과에 있던 인요한은 노명환 몸을 먼저 살펴본 뒤 류마티스 내과로 연결시켜주었고 닷새 동안 입원 치료 받은 뒤 나았다. 담당의 회진 때면 일부러 찾아와서 "이 분이 나 어릴 때 기저귀 갈아주던 옥자 누나 신랑이에요. 잘 부탁해요"라며 장난기 가득했던 어릴 때 그 얼굴로, 개구쟁이 요한으로 돌아가 간호사와 담당의사한테 당부하곤 했다.

몸도 마음도 지치고 의지할 데 없는 명환에게 큰 힘이 되어 주었다.

석달 동안 구치소 생활로 함석헌과는 〈씨올의 소리〉 편집자와 영구 독자 사이에서 독재정권에 항거하는 동지로 발전했다. 편지도 더욱 자주 오갔고 만남도 잦아졌다.

2) 《내 고향은 전라도 내 영혼은 한국인》 89~92쪽 〈따뜻한 그 이름, 옥자누나〉에서

어떻게 지내십니까?

노 선생이 무슨 사건으로 잡히어 재판을 받으셨다는 소식을 듣고 놀라서 자세한 사실을 알고 싶어서 묻습니다. 언제 어느 날 그런 일이 있었으며 지금은 어디 계십니까? 판결을 받았습니까? 받으셨다면 어느 형무소에 계십니까? 면회는 할 수 있습니까?

선생님이 우리 잡지를 보셨습니까. 알고 싶어서 드리는 말씀이오니 한 번 알려주시면 고맙겠습니다.

1973년 1월 8일
함석헌

함석헌 선생이 편지를 보냈을 때는 노명환이 중앙정보부 광주지부로 끌려가 조사를 받고 서울로 이감 되었을 때다. 광주 보통군법회의 구속1심에서는 포고령 위반으로 노명환에게 징역3년을 구형했다. 다시 관할관 재량으로 10개월로 감형됐으나, 그는 서울 고등군법회의에 항소했다. 여기서 3개월로 확정, 서울구치소에서 형을 마쳤다.

이 과정에서 노명환에게 편지가 제대로 전달되지 않은 것이다.

나중에야 연락이 닿아 그가 출소하고 3일 뒤 함석헌 선생은 제자 4명과 서울구치소를 찾는다. 이 책 첫머리 73년 2월 14일 편지가 그 사연이다.

노명환이 〈사람답게 죽자〉란 글에서 '우리가 바로 죽기를 망설이는 것은 비겁 때문이요 가족 때문입니다. 용기를 냅시다. 씨올의 가족을 내 가족처럼 돌봅시다.'라고 썼듯이, 가족은 어떤 일을 망설이고 주저하게도 만들지만, 용감하게 나설 수 있는 힘을 주기도 한다.

아내 송옥자가 없었다면 노명환이 한결같이 올곧은 길을 걸을 수 있었을까.

송옥자는 그가 감옥에 가있는 석 달 동안 하루도 빠지지 않고 낮에는 일하고 교회에서 밤새워 기도하며 남편이 무사히 석방되길 빌고 또 빌었다. 밤샘기도로 몇 번이나 쓰러지길 반복하다 결국 병마에 붙잡히고 만다.

함석헌 선생은 노명환에게 위로 편지를 보낸다.

노명환 님께

일간日間 안녕하시며 부인의 병은 어떠하십니까?

곧 깨끗이 낫기를 빕니다. 어려움이 많으신데 한번 가서 위로 말씀도 못 드리고 미안합니다. 요새 2월호 잡지 교정 중입니다.

전날 말씀했던 부산 모임에서 보내온 돈을 보냅니다. 만오천원입니다. 일전에 만구천원이라 했던 것은 내가 잘못 보고 했던 말입니다.

1973년 2월 2일
함석헌

아내가 교회에서 병을 얻었지만, 만남도 교회에서 싹텄다.

1963년 군대를 제대하고 고향 부안에서 농시짓고 있을 때였다.

노명환은 군복무시절부터 나가기 시작한 교회에 깊이 빠져들었다.

낮에 농사짓고 밤에는 책 보고 주말이 되면 부안감리교회에 나갔다. 나무꾼으로 보냈던 소년시절과 크게 달라지지 않은 나날이었다. 바뀐 거라고는 교회에 나가는 것과 보는 책이 중고등학교 교과서에서 〈사상계〉잡지나 단테의 《신곡》같은 문학서적으로 폭을 넓혔다는 정도일 것이다. 어릴 때부터 병약했던 아버지는 그가 제대할 즈음에는 더욱 쇠약해져 모든 농삿일을 노명환이 다 떠맡았다. 한눈 팔지 않고 일하는 가운데 해가 두 번이나 바뀌어 서른이 되었다.

둘레에서 중매를 들겠다는 말이 들리기 시작했다.

날마다 보는 마을 사람들보다는 교회 교인들 입에서 그런 말이 자주 나왔다. 노명환에게 교회는 1주일에 한 번 예배드리는 곳이자 농사꾼 아닌 다른 일을 하는 사람들을 만나는 곳이기도 했다.

어느 날 예배를 마쳤는데, 교회 성가 피아노 반주를 하던 주일학교 우혜자가 그를 따로 불러냈다.

"명환 오빠, 내 친구 한 번 만나 볼래?"

"……."

"순천 사는 친군데, 주소 알려줄게 편지 한 번 해봐. 알았지?"

편지 꼭 하라고 몇 번씩 다짐을 받고는 주소를 적어주었다. 어릴 때부터 책을 손에서 놓지 않았던 노명환에게 편지 쓰는 일이야 뭐 그리 어려울 게 없었지만 쑥스러웠다. 몇날을 재고 망설이다 큰맘 먹고 한 번 펜을 들자 봇물 터지듯 편지가 오갔다.

1960년대 여자들이 고등학교에 진학하는 것은 흔한 일이 아니었다.

전라도 외지고 가난한 시골 마을은 면面을 통틀어 (여자 고등학생이)한 두 명밖에 없는 곳도 많았다. 변변한 공장도 거의 없던 때라 초등학교나 중학교만 겨우 마치고 집안일을 돕거나 농사일을 거들다가 시집가는 게 대부분이었다. 여고 졸업생을 만나다니! 서른살 노총각 가슴이 설렘으로 방망이질하듯 뛰었다.

마침내 만날 날을 잡았다.

서로 얼굴 본 적도 없고, 편지로 사진 오간 적도 없어서 만날 날 며칠전에 다시 편지를 써서 입고 갈 옷차림이며 모습을 알려주었다.

"왼손에 책을 들고 순천역 앞에 서 있겠다."

책이 귀할 때라 상대방이 단박에 알아볼 수 있겠고 또 책을 가까이하는 자신의 모습을 은근히 자랑하고 싶은 마음도 없지 않았다. 약속한 날, 그이 엄마와 여고 동창 둘과 함께 나왔다. 그로선 거의 맞선 보는 자리가 되었다.

어머님은 별말씀이 없었고 동창 둘이서 호호깔깔 웃음으로, 재기 넘치는 말로 그를 탐색했다. 어려운 주관식 문제도 있었다. 정확하게 기억은 나지 않지만 짧은 글을 주더니 그 글에 맞는 답을 써내라고 했다.

노명환이 건넨 글은 '아직 꽃이 피지 않아 겨우 봉오리로 만나 보지만 활짝 핀 꽃을 본 듯 반갑다.'란 짧은 시. 그는 송옥자와 그니 벗들 시험에 통과했고 장모될 분한테도 후한 점수를 얻었다.

장모님은 맏이 옥자를 홀로 키웠다. 밑으로 여동생 하나에 막내가 아들이다. 장인어른 송종호는 1961년 57세 나이로 돌아가셨다. 옥자 당숙이 학교 선생님이고 살아생전 장인어른도 면장으로 계셨으니 명환과는 집안 처지가 많이 달랐다. 그때나 지금이나 결혼을 앞두고 서로간에 집안 형편을 따지기는 마찬가지였다.

결혼을 생각하고 그랬던 것은 아니지만, 노명환은 1963년 군대에서 제대하자마자 살던 마을 토담집에서 부안군 옹중8리 마을로 이사 가 조금 더 큰 집을 마련 했다.

집이 너무 옹색하고 단칸방이라 어른이 다 된 명환이 부모님과 한방에 기거하기 곤란해서였다. 나중에 송옥자와 혼삿말이 오가자 그이 집안에서 신랑 될 사람 집을 살피러 온 적이 있었다.

옹중8리는 교회도 없었고 버스도 다니지 않는 마을인데 송옥자 초등학교 때 여선생과 동무가 물어물어 노명환 모르게 그의 집을 엿보고 갔던 것이다. 그때 이사하지 않고 그 토담집에 계속 살았다면 결혼할 수 있을까 아찔한 생각이 지금도 들곤 한다.

노명환은 노쇠한 아버지를 모시고 동생들을 돌보는 5남매 장남에다 나이가 찼는지라 결혼을 서둘렀다.

1966년 3월 15일 노명환이 서른한 살 때, 스물일곱 송옥자와 부안감리교회에서 부부의 연을 맺는다.

금반지나 시계같은 예물은커녕 결혼 예복 살 돈조차 없어, 마을 안 또래 가운데 읍내장에서 말 구르마 끌고다니며, 돈 좀 만지는 친구한테 양복 빌려 입고 식을 올렸다.

결혼 닷새 뒤 그 유명한 '가나안 농군학교(교장 김용기)에 34기로 들어갔다. 농군학교 강사는 김용기 장로와 그 아들과 딸 사위가 맡았다.

노명환은 타고난 농사꾼이지만 송옥자는 여고 나와 직장만 다니다 깡촌으로 시집왔으니 농사일은 아무것도 몰랐다.

그가 결혼하자마자 아내와 함께 가나안 농군학교에 들어간 까닭이다. 가나안 농군학교는 한 나라를 지탱하려면 육군, 해군, 공군같은 무력을 가진 군이 있어야 하고 이들 군을 먹여 살리려면 모든 '군'의 바탕인 '농군'이 있어야 한다는 뜻으로 지은 이름이라고 했다.

가나안 농군학교는 흥사단 회원이자 흥사단에서 펴내던 〈기러기〉라는 회지에 글을 써보내 함께 읽고 친해진 조준환 소개로 그이와 함께 들어가게 되었다.

학교는 경기도 광주에 있었는데, 아침 6시면 일어나 뜀박질로 달린 뒤 감자 고구마를 섞은 잡곡밥으로 아침먹고 하루를 시작했다. 가르치는 과목은 농사법과 가난한 나라에서 살아가는 마음가짐과 몸으로 따라 하며 지킬 것들이다.

땅이 좁으니 논농사에만 매달리지 말고 밭과 산에 철철이 딸 수 있는 과수를 심고, 농약 비료 대신 가축 배설물로 두엄을 만들어 쓰자고 했다.

허례 허식을 버리고 입는 것 먹는 것도 검소하게 쓰고 물과 비누도 아끼자고 했다. 결혼식 올릴 때도 평상복에다가 금붙이나 비싼 것으로 선물하지 말고 농사꾼이니 씨앗이나 흙을 예물로 주고받자고 했다.

가나안농군학교 안에서 결혼할 것을 권하고 환영했다.

실제로 노명환 송옥자와 함께 교육받은 교육생 가운데 졸업을 앞두고 한 쌍이 결혼식을 올렸다. 가나안 농군학교 결혼식은 다른 곳과 아주 많이 달랐다. '농군학교'식으로 둘은 깨끗한 평상복을 입고 곡식 씨앗과 깨끗한 흙 한 봉지를 예물로 주고받았다. 이어 주례사.

그런데 주례 김용기 교장이 "신부 송옥자는..." 가만 송옥자는 내 아낸데! 하객으로 함께 한 교육생들도 수군대고 웅성거리자 교장이 그제야 실수를 알아채고 "미안합니다. 잘못 불렀습니다"라며 신부 이름을 바로잡았다. 동기들이 '하마터면 명환이, 너 색시 빼앗길뻔 했다'고 한바탕 이야기꽃을 피웠다.

노명환은 아내가 그때 농군학교 여자반 반장이라 '송옥자'란 이름이 김용기 장로 입에 익었던 것 같다며 옛일을 떠올렸다.

결혼한 1966년 그해, 노명환과 송옥자는 맏아들 성철을 얻는다.

아이를 낳고 석달 뒤부터 송옥자가 시름시름 아프기 시작한다. 여름 부흥회에서 사달이 났다. 부흥회란 것이 믿음을 북돋우고 키우는 시간인데 오히려 신도들을 몰아세우고 가난을 들춰내며 모멸감만 안겼다.

출산으로 몸이 약해진 데다 교회에서 데려온 부흥사란 사람과 갈등 때문에 마음까지 피폐해져 결국 몸져눕고 말았다. 이때 송옥자 뿐 아니라 여러 사람이 쓰러졌다. 교회에서 데려온 부흥사란 사람이 교회를 풍비박산 냈다.

그땐 병원도 많지 않은 때였지만 생각나는 곳이라곤 인요한 어머니가 운영하는 순천 결핵요양원 밖에 없었다. 다급하게 연락하자 "지금 아내 데리고 빨리 내려오세요"라고 린튼 여사가 재촉했다. 송옥자를 입원시키고 노명환도 아예 결핵요양원 일을 맡아 보기로 했다.

순천 결핵요양원은 인요한 어머니 로이스 린튼(인애자)여사가 운영하는 곳으로 정식 이름은 로이스보양원(무의탁 결핵 환자를 위한 결핵요양원)이다. 노명환은 총무 일을 맡았다.

전국에서 입원한 결핵 환자들이 먹을 주·부식을 대고, 한 달에 한 번씩 순천 진료소에 갈 때 환자들과 함께 움직이며 그들이 안전하게 이동할 수 있도록 돌봤다. 당시 도로사정이 좋지 않았고 얕은 산이었지만 넘어야 할 고개도 여러 군데 있었다.

퀘이커교도가 되다

부흥회를 겪고 나자 노명환은 교회에 환멸을 느끼고 교회에 나가는 신앙생활 자체에 회의를 품게 되었다.

목사들과 교인들이 교회에서 말하는 것과 실제 살아가는 모습이 딴판인 것을 보고, 오만 정이 떨어졌다. 이때 노명환은 〈씨울의 소리〉〈부산모임〉같은 책에서 퀘이커교에 관한 글을 읽을 수 있었다. 〈부산모임〉 제103호에 '퀘이커로서의 니도베 이나조오①'같은 글이 실렸다.

부산 모임 회원 가운데 강대천이란 이가 노명환에게 〈퀘이커 300년사〉[3] 란 책을 주면서 "나도 퀘이커교도고 함석헌 선생님도 퀘이커입니다. 한 번 읽어보세요."라고 했다.

퀘이커교도는 감옥을 갈지언정 총칼을 거부하는 평화주의자들이었다. 전쟁이 나면 적군과 아군 구분없이 함께 보살핀다. 퀘이커교회와 일반교회가 보이는 가장 큰 차이점은 조직과 예배방법이다.

일반교회는 목사·장로·권사 같은 조직과 직책이 있지만, 퀘이커교회는 이런 조직이 없다. 다만 '서기'라고 해서 돌아가며 예배를 맡아본다.

또 목사가 앞으로 나서서 기도를 올리거나 함께 찬송하지 않고 저마다 한 시간 정도 조용히 묵상기도만 한다. 내면을 마주하고 실천에 힘쓴다. 평화를 지향하는 퀘이커교 이름에 걸맞게 미국퀘이커교가 노벨평화상을 받았단다. 노명환이 이해하는 퀘이커는 평화다.

이때부터 노명환은 퀘이커를 믿게 된다.

미국 퀘이커교에서 함석헌 선생을 두 번이나 노벨평화상 후보로 추천한 일이 있는데, 박정희 군사독재정권 아래에서 철저하게 비밀에 붙여 이러한 사실은 우리에게 거의 알려지지 않았다. 함석헌 선생은 한국인 최초로 노벨평화상후보로 추천된 사람이었다. [4]

노명환은 퀘이커를 알기 전에 잠깐 불교에 이끌리기도 했다.

감옥에서 나오니 마땅한 일자리는 없고 아내는 아팠다. 어디 한 곳 마음둘 곳 없는 움치고 옥죄인 날들에서 벗어나고 싶었다. 자유로움을 찾는 그에게 불교 말씀은 매력이 넘치고 거침없는 참진리를 구가하는 노래로 들렸고, 그 안에 머물고 싶었다.

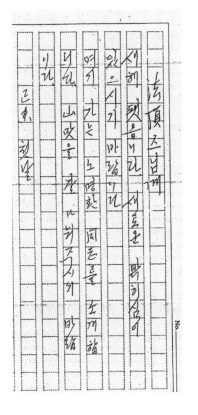

노명환은 평소 만나고 싶었던 스님을 보기로 마음먹었다. 함석헌 선생에게 이 스님을 뵐 수 있도록 추천서 한 장 써달라고 부탁한다. 함 선생은 '왜 만나려고 하느냐''언제 만나느냐' 아무 말도 묻지 않고 석 줄짜리 추천서를 건넨다.

3) 퀘이커 300년사 : 하워드 브린턴, 마가렛 베이컨이 짓고 함석헌이 옮긴 책이다.
2018년 퀘이커 역사 50년을 더해 〈퀘이커 350년사〉란 책을 새로 냈다.
4) 미국퀘이커봉사회(AFSC)가 1947년 노벨평화상을 받았다.
그 단체에서 함석헌 선생을 노벨평화상 후보로 추천했다.

======================

법정 스님께

새해 됐습니다. 새로운 밝히심이 있으시길 바랍니다.
여기 가는 노명환 동지를 소개합니다. 산맛을 잘 나눠주시기 바랍니다.

1973년 정월 첫날
함석헌

======================

노명환이 법정 스님과 아주 모르는 사이는 아니었다.

법정 스님은 〈씨올의 소리〉에 글을 싣기도 했고, 장기려 박사가 하는 수양회 모임에 나와 강의를 맡기도 했다.

이때 법정 스님을 만났으면 노명환 인생에 또 어떤 길이 열렸을지 모를 일이지만, 그에게 새로운 일이 생겼다. 대구에 있는 장로 한 분이 노명환에게 일자리를 소개했다. 원래 장모님과 아는 사인데 어떤 일로 광양에 왔다가 노명환과도 인사를 나눈 적이 있었다. 노명환은 법정스님 만나는 일을 접고, 아내와 아들 성철을 데리고 아는 사람 하나 없는 생면부지 낯선 땅 대구로 간다.

생전 처음 고향을 떠나는 노명환 마음은 착잡했다.

의지할 데라곤 없는 낯선 곳이라 더욱 일속으로 자신을 몰아세웠다.

언젠가 함석헌 선생이 이야기한 '나 자신을 단련 하시는 하나님의 하시는 일'은 마치 자신을 두고 한 말 같았다. 노명환이 대구에서 맡은 일은 옷 짓는 직물 원단을 경상도 지방 곳곳에 대주고 파는 일이었다.

잠자리는 일자리를 소개한 장로 친척이 묵는 곳 지하셋방이었다.

직물을 가지고 대구, 경산, 영덕, 구미, 영천 경상도 곳곳을 누볐다. 큰 짐발이 자전차에 짐을 싣고 대구 시내도 다니며 밤에는 짬을 내어 글을 써서 〈씨올의 소리〉에 보냈다.

　노명환은 대구에서 14년을 산다. 한국정치사에서, 저잣거리에서, 경상도와 전라도는 빠지지 않는 이야깃거리요 술자리 안줏거리다. 전라도 출신으로 경상도를 자기만큼 속속들이 아는 사람은 없다고 자부하는 노명환이다.

　그가 본 경상도와 전라도는 어땠을까.

경상도와 전라도

　내 고향은 전라도지만 경상도는 나와 깊은 인연이 있는 곳이다.

　내가 고향인 부안을 떠난 때는 1968년 33살 때 경상도로 가서 52살 때까지 19년을 살았고 경기도로 온 지도 15년이 넘는다.

　경상도와 전라도는 언제부터인지 모르나 서로 좋게 대하고 말하기보다는 안 좋게 대하는 게 사실이고 말씨도 성격도 많이 다르다. 경상도에 살 때 경상남도 일부와 경상북도 여러 지방과 마을까지 다니며 장사를 했기 때문에 전라도 사람으로 어느 누구보다 경상도를 잘 안다고 말할수 있다.

　먼저 내가 본 경상도와 전라도를 견주어 보면 경상도가 땅덩이도 넓고 인구가 훨씬 많다. 고속도로(경부고속도로)도 먼저 생기고 공업이 발달해 생활형편이 전라도보다 앞서 있다. 그러니 못 사는 전라도 사람들이 경상도로 몰릴 수 밖에. 공장 노동자로, 공사장 인부로, 가정부로 많은 전라도 사람들이 살았으니 명절 때 고향가는 표를 살 때 알 수 있다.

　대구에서 전주나 광주가는 고속버스표를 사고자 수백 명이 나와 북적거렸다. 기차로도 많이 갔을 테고. 경상도 사람 가운데 종종 전라도 사람을 '처음에는 살살거리고 어느 때 꼭 배신한다'고 욕하고, 전라도 사람 가운데도 근거 없이 경상도 사람을 욕하는 사람이 있었다. 아마 5.16쿠데타로 군사정권이 서고 선거 때 지역감정을 부추겨 더한 것 같다.

길이 확 트이고 경상도가 먼저 발전했으니 전라도 사람이 경상도에 많이 살게 되었고 그러다 보니 그 가운데 안 좋은 사람도 있었을 것이다. 그 몇 사람을 보고 전라도 사람을 다 나쁘다고 할 수는 없는 것 아닌가.

경상도와 전라도는 지리산이 높이 가로막고 섬진강이 갈라놓아 옛날에는 오고감이 드물었을 것이다. 봇짐장수만 오갔지 부부의 연을 맺는 일도 드물어 어쩌다 사돈을 맺었을 것이다.(우리 조상도 함양에서 남원으로 갈라져 뿌리를 내렸다)

어쩌다 한 번씩 만나는 사람이 반가우면 반가웠지 미움이 앞서겠는가. 아마 그 때는 전라도 경상도에서 봇짐장수가 오면 서로 잠도 재워주고 밥도 먹여 보냈을 것이다.

내가 옛날 서울구치소에 있을 때 한 방 안에 전라도 개똥쇠만 있는 것이 아니고 서울 깍쟁이, 강원도 감자바위, 충청도 핫바지, 경상도 문둥이 고루 다 있었다. 특별히 어느 도 출신만 못 되었다고 하는 것은 정치꾼들 속임수인 것이다.

《씨올마당》 1996년 8월

노명환은 대구에 살면서도 서울 부산에서 열리는 수양회 모임에 빠지지 않고 참석한다. 다녀와서는 모임에서 일어났던 일이나 받았던 느낌을 적어 보냈고 그럴 때 마다, 두 분도 잊지 않고 답장을 보냈다.

노형께

글월 고맙게 받았습니다.

이번 모임은 참 서로들 유익有益된 점이 많습니다.

그만큼 자기주장을 하지 않고 열린 마음으로 서로 대했기 때문일 것이고, 이렇게 어지러운 때 그 정도로나마라도 서로 희망을 가질수 있도록 허락해 주신 하나님의 은혜 감사합니다.

그렇지만 우리 힘이 우리 상대하는 사람들의 양심을 깨워줄 수 있게 되기에는 아직도 멀고 멀었습니다. 먹고 살겠다는 사람은 많아도 전체를 위해 악과 싸워보겠다는 사람은 적고 악과 싸우겠다는 사람은 없지 않아도 그 책임을 나도 같이 짐으로 이 민족체를 살릴 생각을 하는 사람은 참 없습니다. 일이 뜻같이 되지 않아도 그것을 누구의 잘못으로 알기보다는 나 자신을 단련하시는 하나님의 하시는 일로 알고 대하여야 하겠는데 어떻게 합니까?

지금 보는 바로는 8.15를 기회로 다소 석방되는 사람이 있을 듯하나 시원한 것은 기대되지 않습니다. ○○○○○○를 더 ○○하고 기다리기를 더 겸손히 해야지요.

평안을 빕니다.

1978년 10월

함석헌

함석헌 선생과 함께 수양회 모임을 맡은 장기려 박사도 노명환을 달리 보고 눈여겨보았다. 수양회 모임은 회원 자격이나 참가 조건이 따로 없었다. 《씨올의소리》나 〈부산모임〉에 모임 날짜와 장소를 알리면 그것을 보고 사람들이 모인다. 나이나 성별 국적 아무런 제약도 두지 않았다. 실제로 수양회 모임에는 일본·미국·영국에서 온 외국인들도 있었다. 수양회는 이문영 교수가 씨올모임 이사장을 할 때까지 이어졌다.

노명환은 그때를 1990년 중후반으로 기억한다. 그 뒤로는 모임이 끊겼다. 1976년 11월 《씨올의 소리》 편집진은 한국 기독교를 조명하는 특집 기사에 노명환 글을 싣기로 한다.

예수는 넝마주이

이 글은 1976년 함석헌 선생이 살아 계실 때 11월 12월 합본 특집으로 '참 예수의 모습'글이 실렸는데, 《씨올의 소리》편집장이 말한 것처럼 글쓴이들이 모두 거물급이었다. 함석헌, 법정, 김정준, 이현주, 송기득, 안병웅 그리고 나 노명환이었다. 함석헌 법정은 종교인이자 언론인으로 누구나 알고, 김정준은 한신대 학장 이현주는 글 쓰는 목사로 유명했고, 송기득은 신학 계간지를 낸 교수였다. 흥사단 이사장인 안병웅까지 위 여섯 사람은 당시 여러 매체에 이름을 떨치는 분들이었고 나는 이름 없는 맨사람이었다.

그때 대구에 살았는데, 큰 짐바리 자전거에 짐을 싣고 고갯길을 땀범벅으로 올라가는데 갑자기 넝마주이가 통을 메고 내려왔다. 옆을 스치는데 그도 땀을 비오듯 흘리지 않는가. 짧았지만 그 모습이 얼마나 놀랍고 감격스러웠는지 저녁에 글로 남겼다.

나중에 이 글을 쓰게 된 이야기를 지식산업사 김경희 대표한테 말했더니 "불교에서 말하는 깨달음(각)"같다. 귀한 경험을 책으로 남기면 좋겠다고 했다. 나를 글쓰기로 이끈 글이다.

내가 만난 예수

지난 1년간 나의 관심사는 예수는 누구시며 나와는 어떤 관계에 있는 분인가였습니다. 사실은 나뿐 아니라 기독교 2000년사의 주된 관심은 예수는 누구일까를 캐는 데 있었다고 봅니다.

거기에 따라 "우리는 예수를 이렇게 생각한다." "우리는 이렇게 믿는다"고 수많은 신학이 나왔고 수많은 교파가 생겨 서로 잘 믿으려고 경쟁하기보다는 자기 교파에 예수를 얽어매어 놓으려고 싸워온 것 아닐까요?

문제는 우리 교파의 예수, 우리 교회의 예수가 아니라 나 자신과 관계인 예수인 것입니다. 나 자신이 땀 흘리며 삶의 현장에서 만난 예수—넝마주이를 말해보렵니다. 7월의 태양이 내려 쬐이는 어느날 나는 자전거를 타고 땀을 흘리며 고갯길을 올라가다가 넝마 통을 메고 넝마를 줍는 예수의 모습이 순간 제 머리에 떠올랐습니다.

나는 깜짝 놀랐고 너무 감격하여 눈시울이 뜨거워졌습니다.

나같은 쓰레기와 같이 버림받은 인생을 예수님은 버리시지 않고 주워 다시 새롭게 하고자 넝마 통을 메고 땀으로 범벅이 되어 거리를 헤매시는 모습을 상기했을 때 어찌 감사하지 않으며 감격하지 않겠습니까.

이제까지 내가 배운 예수는 너무 높은 곳에, 너무 먼 곳에 계시는 귀족같은, 먼지 하나 묻지 않은 깨끗한 예수였습니다. 복을 달라고 해야 복을 주고 자기에게 충성해야만 하는 예수였습니다. 목사님들이나 교사들이 그렇게 가르쳤으니까요.

그는 왜 넝마주이가 되었는가?

그럼 그는 왜 넝마주이가 되셨으며, 나는 왜 쓰레기인가를 알아야 하고, 그가 나를 버리지 않기 위해 어떤 일을 당하셨는가를 생각할 필요가 있습니다. 예수는 자신이 넝마주이가 되고자 쓰레기처럼 버려진 존재로 탄생하셨습니다.

그가 태어났다는 베들레헴의 말구유는 사실 쓰레기장이나 다름없습니다.

인류 역사는 여기 이 장소에서 달라졌다고 봅니다.

처녀의 몸에서 태어났다는 기적적인 사실보다는 성령으로 나셨다는 점과 말구유에서 나셔서 예수는 인류를 구원할 수 있다고 봅니다.

그의 사생활은 30세까지 별로 알려진 것이 없고 다만 열두 살 때 일이 성경에 나와있지만 그 30년 동안 자기처럼 쓰레기와 같은 존재인 인간을 과연 누가 구할 것이며 어떻게 구할 것인지 깊이 사색했을 것입니다.

그가 사셨던 나라의 지도를 보더라도 동양과 서양을 가름하는 곳이며 아세아와 애굽을 가름하는 곳이기도 했습니다. 세계로 통하는 고향 나사렛에서 목수의 맏아들로 태어나 동생들과 부모를 봉양하면서도 오가는 수많은 군인과 상인 그리고 온갖 사람들을 유심히 보았을 것입니다.

로마제국을 중심으로 움직이는 시국의 소식도 들었을 것이고 갈릴리와 유대의 정치상황도 들었을 것입니다. 가난한 가정에서 목수 일을 하면서 근근히 살아가는 그는 인간의 삶의 고충과 실정을 알고 또 생각했을 것입니다.

또한 갈릴리 아름다운 자연에서 많은 것을 배웠고 〈구약성서〉에서도 낱말에 얽매이지 않고 그 생명력을 알아갔을 것입니다. 그는 일하면서 배우는 도무지 말이 없는 청년 시절을 보냈을 것입니다.

그의 자연에 대한 관찰과 온갖 인간들에 대한 관심은 깊고도 예리합니다.

우리는 그가 하느님 외아들이기 때문에 가만히 있었는데도 그처럼 풍부하게 많은 것을 알고 있다고 오해 해서는 안될 것입니다.

숨겨진 30년을 통하여 많은 공부와 사색을 하였으며 조상들 신앙의 진수를 파악했으며 망국의 역사를 알고는 통탄하였을 것입니다. 하나님이 택한 민족이라는 유대민족의 운명과 하나님의 섭리는 어떤 관계에 있는 것일까 깊이 생각하지 않을 수 없었을 것입니다.

그의 탄생도 쓰레기처럼 버려진 곳에서, 그의 민족도 로마 제국에서 버림받아 그의 동포는 가난하고 병들고 죄는 가득하고 정치가는 로마에 붙어 자기 백성을 학대하고 종교인들은 위선에 가득찼는데 무엇으로 어떻게 동포와 인류를 구원할 수 있을까 사색했겠지요.

그때 유대 광장에서 외치는 세례 요한의 목소리를 들었습니다.

그의 외침 속에 하나님의 목소리를 듣고 그 뜻과 진리에 복종하려는 일념으로 유대 광야로 떠났을 것입니다. 그의 준비 기간은 대충 이렇게 보고 요한에게서 세례받고 광야에서 당한 시험까지가 총 결산입니다.

전도방법은 넝마 통

그가 처음 생각한 것은 하나님 나라였을 것입니다.

모세 율법처럼 눈에는 눈, 이에는 이가 아니라 또 이웃을 사랑하되 애굽이나 블리셋은 다 죽여야 하는 그런 식은 아니고 그의 제자들까지도 오해한 정치 폭력이 아니고 원수까지도 사랑하는 그래서 자기를 사랑하고야 마는 하나님의 진수를 깨달은 것이지요.

당시 로마제국 아래서 폭력으로는 안 될 것은 뻔한 일이요, 지금도 평화는 폭력으로 안 될 것은 뻔한 데 전쟁미치광이들은 이점을 깨닫지 못하니 안타까운 일이지요.

그의 넝마 통은 온갖 더러운 것 죄악, 가난, 질병 따위 우리 대신 짊어지신 십자가요 무한한 사랑의 통입니다. 모든 준비를 마치고 칼도 아니고 권위와 위엄과 지식이나 부도 아닌 보잘것 없는 더러운 쓰레기 통을 어깨에 메고 나섰습니다.

그가 천국 복음을 선포하고 하나님 나라를 이룩하는데 오늘날 교회처럼 돈많은 부유층이나 권력층 그리고 종교지도자를 택하지 않고 그들이 이용해 먹고 더럽다고 버린 가난하고 병들고 못 배우고 학대받는 하잘것 없는 민중들 속에서 제자를 택하고 그들을 훈련하고 구원하고자 몸소 넝마 통을 메고 나선 것입니다.

그는 그 둘레에 쓰레기부터 줍기 시작했습니다.

지금도 마찬가지지만 가난하고 병들고 죄진 자들이 인간쓰레기가 아닐 수 없고 그들을 친구로 환영할 사람들은 없을 것입니다.

현장에서 붙잡혀 온 간음한 여인도, 남편을 다섯 여섯이나 갈아가면서 살아야 했던 기구한 운명의 우물가 수가성 여인도, 자기만은 주님을 버리지 않겠다고 세 번씩이나 부인한 베드로도, 그처럼 자신을 신임했던 선생을 팔아야 했던 가롯 유다도, 쓰레기였습니다.

시기와 질투로 남의 책만 잡으려는 바리새인들도, 빌라도에게 예수를 고소한 종교지도자들도, 십자가에 못 박으라고 아우성치는 무리들도, 로마 군병들까지도 모두 쓰레기입니다. 그럼 그들만 쓰레기입니까?

나 자신은 그들보다 더한 쓰레기입니다.

나같은 쓰레기를 주어모아 다시 새 사람으로 만들고자 때로는 선동자, 도둑놈, 촌놈, 거지, 하나님을 모독하는 자라고 갖은 욕설과 비웃음을 듣고 더럽다고 뱉는 침을 맞아가며, 돌에 맞고 채찍에 맞아 피를 흘리시면서도 넝마 통을 버리지 않고 묵묵히 "저들의 죄를 용서하소서"라며 버리는 자와 버림받는 자를 다같이 끌어안고 불러 모으시는 주 예수.

쓰레기가 넘치면 넘칠수록 버린 자들도 썩고 마는데 예수는 고난과 수치와 고통을 참으며 넝마를 주으셨던 것입니다.

교회는 쓰레기를 어떻게 했던가?

그럼 그를 믿는다는 교회로 눈길을 돌려 봅시다.

오늘 교회는 회칠한 무덤으로 예수없는 교회로 전락하지 않았는지? 교회 안은 쓰레기가 있기에는 너무나 사치스럽고 호화롭습니다.

역시 쓰레기는 교회 밖에 있습니다.

그럼에도 예수님은 교회 안 쓰레기도 줍고자 넝마 통을 메고 교회 안으로 들어가시려고 하지만, 아! 슬프게도 교회에서는 더러운 거지라고 도둑놈 같다고 냄새난다고 들어서지 못하게 돈 몇 푼 주어 쫓아 버리는 것 아닌가. 그래도 예수는 안타까워 계속 들어가려고 하지만 들어서려고 하면 당국에 고발하고 또 다시 선동자로 처벌할 것이 틀림없습니다.

그러나 그가 또 다시 십자가에 매달릴 수는 없습니다.

그 십자가는 우리 자신들이 져야 합니다. 모든 영광은 우리에게, 십자가는 또다시 예수에게! 안 될 말입니다. 아무리 웅장한 교회에서 장엄한 예배를 드린다 해도 예수와는 상관없다고 봅니다.

예수는 예배의 대상으로서가 아니라, 고통받는 삶의 현장에서 오히려 우리를 위로하고 계실 것이기 때문입니다. 교회는 그 외양으로가 아니요, 그 수로도 아니요, 오로지 세상으로 나가는 넝마주이 집합소가 되어야 하고 훈련소가 되어야 예수가 그곳에 계실 것입니다.

나 자신이 쓰레기임을 절감하고 넝마주이 예수 때문에 구원받고 소망 가운데 살아감을 감사하며.

1976.11 《씨올의 소리》

'사람답게 죽자'란 글이 독재정권을 막는데 주저하지 말고 함께 행동에 나설 것을 밝혔다면, '예수는 넝마주이'는 그의 정신세계와 신앙이 어디로 향하는지 또렷이 보여주는 글이라고 할 수있다.

함석헌 선생이 보내온 편지는 어느 때는 노명환을 북돋우는 응원 함성으로 메아리쳤고 또 어떤 때는 그를 받쳐주는 버팀목으로 든든하게 섰다.

노명환 동지에게

글월 감사합니다.

이 어려운 시대에 이만큼 그래도 양심을 잃지 않고 살아오는 일 참 고마운 일입니다. 마땅히 하나님의 은혜라 해야 옳을 일입니다. 하는 일은 전과 별다름이 없는데 몸은 나이 탓일까 두어달 동안 눕지는 않았지만 걸어 다니기가 좀 불편해 치료도 받고 했는데 이제 거의 다 나아갑니다.

해가 또 바뀝니다.

한 번 더 반성하고 한 번 더 정신 가다듬으란 말씀이지요. 이렇게 악이 판을 치는 것을 보면서 멍청히 보고만 있는 것이 어찌 사람답다 하겠어요? 대소大小를 가리지 아니 하고 기회있는 대로 모르는 이에게 알려주고 이미 정신있는 친구에게 격려하는 일을 힘써야겠습니다.

남이 일한 소득을 뺏고 불의不義하게 얻은 권력의 자리를 놓지 않으려는 무리를 미워하는 정도만 아니라 불쌍히 여겨 건져 줄 힘을 얻어야만 사람이라 할 것 아닙니까?

전보다도 더 기운 차려 싸워가시를 바랍니다. 정치, 돈머리는 말할 것도 없고 지식부터가 잘못됐고 가장 앞섰어야 할 종교는 있으나 마나가 아니라 아주 부패의 소굴로 변했습니다.

이, 꺼져가는 조수파를 하나님이 용기를 넣어주실 새 시대를 위해 동원령을 내려주시기를 바라 기도를 하십시오. 옛날 시인詩人은 꿈에도 시詩를 짓는다고 했습니다.

夢中頻得句

拈筆又忘筌[5] 이고

피차 내 정성을 더 돋굽시다.

1984년 크리스마스 날 밤

함석헌

대구에서도 교회에 나갔다.

설교가 감동을 주어서가 아니라 정붙일 곳이 없어서였다. 외로운 타향살이에 아내와 아이들과 마땅히 갈 곳이 없어서였다. 더 싼 집을 찾아 신암동, 신천동, 동인동 등 1년에 5번이나 이사 다니면서도 교회에 나갔다.

그는 대구에서 겪었던 일을 어렵게 털어놓는다.

"대구에서 지낸 일, 지긋지긋해요. 오래돼서 거의 잊었지만 딱 세 가지는 생각나는구만. 내가 직장을 구하지 못해 하루벌이 뜨내기로 이것저것 닥치는대로 일할 때, 나야 그렇다쳐도, 내 아내 고생한 건 말도 못해요. 젖먹이 막내를 업고 칠성시장 앞에 참외 몇 개 갖다놓고 파는 거라. 아이

---

5) 몽중빈득구 – 꿈속에 자주 좋은 시구가 떠오르지만
념필우망전 – 붓을 들고 쓰려면 바로 시구를 잊는다. 〈취면醉眠 당경唐庚〉에 나오는 시구

굶기지 않으려고. 단속반이 뜨면 다 치워야 돼요. 그 사람들 피도 눈물도 없거든. 보이는대로 발로 차버리니까. 그냥 피하고 봐야해요. 나중에 그 놈들 가고 나서 와보면 참외라곤 남아있는게 하나도 없어.

처음에는 교회 작은 사찰방에 살았어요. 동인동 교회 다닐 때였지. 사찰방이 뭔고 하니 교회 청소하고 정돈하는 요즘으로 말하면 미화원들이 쉬는 곳이에요. 어느날 내가 대구에서 어렵게 산다고 막내 제수씨가 찾아 왔어요. 혼자 오지 않고 어린 조카 둘을 데리고 전라도 그 먼 곳에서 왔는데, 참 눈물이 날 만큼 고마웠지요. 그런데 슬쩍 쌀 뒤주를 보니 쌀이 다 떨어지고 없어요. 그러니 고마운 마음이 슬며시 사라지고 어서 갔으면 하는 마음이 들더라고. 참 눈물 나는 이야기지.

마지막으로 슬픈 일은 아니지만, 대구에서 겪은 일 가운데 빼놓을 수 없는 일이 있어요. 친구 하나 없는 낯선 곳이라 자고 일어나면 어떻게 해야 아이들 배곯지 않고 학교 보낼 수 있을까 나는 그 궁리만 했어요.

마침 교회 아는 이가 '이제 사기그릇 시대가 끝나고 플라스틱 시대가 온다'며 서문시장에 있는 플라스틱 그릇 경북총판에 가서 그릇을 도매로 떼다가 팔아보라는 거예요.

내가 장사를 해봤나? 한 적도 없고 장사하기도 싫어하는 사람인데, 어쩌겠어요. 할 일이 없는데. 큰 맘 먹고 예쁘고 단단한 그릇을 떼다가 짐바리 자전거에 한 짐 싣고 시장에서 쉬는 가게 앞에다 물건을 부려놓고 팔았어요.

첫날은 말이 안 나와. 부끄러워서. 시장 뒷골목 점방에 가서 막걸리 한 대접 사마시고 소리쳤지요. '예쁘고 단단한 그릇 하나에 삼백원, 오백원' 그릇 두 개를 들고 치면서 '자 이것 보세요. 깨집니까?' 다시 탕탕 치면서 '안 깨집니다. 날이면 날마다 오는 게 아닙니다. 예쁘고 단단한 그릇 하나에 삼백원, 오백원' 소리소리 지르니 주부들이 하나둘 모여 며칠 지나니까 혼자 소리 지르고 돈 받고 그릇 내주자니 정신이 없어. 나중에 아내와 함

께 나왔어요. 나는 손님 끌고 아내
는 돈 받고. 금세 물건이 동날 만큼
팔았지. 돈은 제법 벌었지만 속으
로 얼마나 울었는지 몰라요.

'나한테 직장이 있었다면 이 먼
곳 대구까지 와서 이런 뜨내기 장
사 안 해도 되는데.' 박정희 독재정
권과 싸우다 이 모양이 됐구나. 그
런 생각이 들어 울었어요. 속으론
울고 식구들에겐 미안했지만, 후회
는 안 했어."

글월 반갑게 받아 읽었고 쉬이 회답 못 드려 죄송합니다.

사실은 수양회 모임장소 때문이었는데 오늘이 바로 25일인데 이 글을
써서 늦었습니다만 장소가 이틀 전에야 결정이 됐습니다. 오늘 아시고 오
시면 만나서 말씀드리겠고 만일 아직 모르고 계시면 늦게라도 오십시오.

서울 수유리 한국신학대학에서 모입니다.

죄송합니다.

1985년 7월 2일

함석헌

수양회는 그때그때 모임장소를 바꿔가며 열었다.

모임이 있는 날이면 유명한 사람들이 와서 강의를 하기도 하고 강의가 끝나면 토론으로 이어졌다.

강사로 나온 이들 가운데는 법정 스님, 안병무 박사, 이현주 목사, 김동길 교수 들이었고. 함석헌 선생은 '같이 살기 운동' 장기려 박사는 '나눔운동'을 벌였는데 모임이 있을 때마다 이를 알리곤 했다.

노명환은 모임에서 많은 말을 하진 않았지만, 꼭 해야할 말이면 꾸미지 않고 솔직하게 말했다.

함석헌 선생은 모임이 끝난 뒤나, 노명환이 《씨올의 소리》에 글을 싣고 나면 답장을 빼놓지 않았다. 모임이 없을 때는 정치정세나 성경말씀 몇 줄이라도 적어 보냈다.

노 선생께

글월 감사합니다.

잘하는 농부는 악천후惡天候를 겁내지도 않고 또 그것을 미워하지도 않습니다. 하늘이 자기편인줄을 믿어 알기 때문입니다. 하느님은 악한 자를 벌하시는데 보다 더 강한 악자惡者를 내세워 하시지 않고 고통모욕苦痛侮辱을 당하고도 미워하지 않는 큰마음을 내세워서 그를 부끄럽게 만드십니다.

더 커지시고 더 오래 참으십시오. 좋은 가을이 왔습니다. 맑고 아름다운 자연의 동산은 선善한 자와 악惡한 자를 향해 꼭 같이 환영해 주는 가슴을 벌리고 있습니다. 안녕!

1987년 10월 6일

함석헌

═══════════════

함석헌 선생은 이 편지를 보내고 이태 뒤인 1989년 2월 4일. 88세 나이로 돌아가신다. 노명환은 선생이 세상을 떠난 5년 뒤, 그리움이 절절이 담긴 편지를 하늘나라로 부친다.

바뀌지 않는 현실 정치에 대한 답답함과 그립고 보고싶은 간절한 마음을 담았다.

═══════════════

그리운 함석헌 선생님 불러봅니다.

몸은 떠나셨지만 영혼은 남아 우리를 그냥 놔두지 않고 씨을답게 살라고 늘 격려하시고 채찍으로 정신이 나도록 때리시는 듯 합니다. 저희들은 이 세상에 태어나 선생님을 직접 볼 수 있었고 진리 말씀을 들었습니다. 분단된 남한 땅에서 자유당 시절부터 군사독재 시절 벙어리 냉가슴 앓듯 말을 못하고 가슴을 치고 살 때 오직 선생님만이 말씀으로, 글로, 독재자들을 엄히 꾸짖고 바른길을 가르쳐 주셨습니다.

우리는 선생님이 하신 일에 손뼉을 치고 존경하며 씨을답게 살리라 결심했습니다. 그러나 선생님이 떠나신 뒤 나라 살림이 엉망인데도 감히 말을 못 하고 지나왔습니다.

요즘 문민정부에서 세계화를 날마다 외치고 있지만 무엇이 세계화인지 말하는 자신들도 잘 모르고 하는 것 같습니다. 얼마 전 '국제화'를 외치다가 외국에 다녀와서 갑자기 '세계화'로 뛰었으니까요.

큰 사고 사건은 계속 터져 죄없는 많은 사람이 죽어가는데 나라 살림도 제대로 못 하면서 국제화다 세계화다 큰 나팔만 불면 모든 것이 해결되는지 참으로 답답합니다. 문민정부 집권 초기에는 개혁을 외쳐 온 나라가 개혁 물결로 들끓는 듯 했으나 시간이 지나면서 전과 다름없이 되어가는데, 이는 모든 독재자들이 집권 초기는 전 정권과는 다른 정치를 한다고 전 정권을 깎아내리고 사정 칼날을 휘둘렀고 혁명공약 깃발을 흔들었던 것과 다름 없습니다.

오랫동안 독재와 싸워온 야당투사가 대통령이 되어 개혁정치로 인기도 얻고 자기 뜻을 펴보고 싶은 마음도 있었겠으나, 구국의 결단으로 했다는 3당 합당이 자기 발에 올무를 스스로 채웠기 때문에 개혁다운 개혁을 할수가 없게 되어있지요.

그리고 아무리 대통령중심제라고 하지만 과거 독재자들이 지나다가 지휘봉으로 가리키기만 하면 도로가 생기고 다리가 서고 아파트가 생겼듯 대통령이 너무 모든 일을 다 참견하고 지시하면 결과는 후회하고 실패하는 일이 많다고 생각합니다.

'인사가 만사'라고 하면서도 개혁의 기수로 국민들이 박수를 보내는 총리를 자기 뜻을 거스르고 비판했다고 갈아치우고 있습니다. 아직도 옛 때를 벗지 못하는 정치인들은 선거구민들과 약속을 저버리고 이 당 저당으로 몰려다니기도 하고 올바른 자기 주장을 하기보다는 자기 당 공천권자 눈치를 살피며 거수기 노릇을 하기도 하고 돈에 눈이 어두운 정치꾼도 있지요.

이 사회가 이토록 도덕이 땅에 떨어지고 살인, 강도, 폭력, 공사부실, 공무원 도둑이 들끓고 있습니다. 이럴 때 선생님이 살아계시면 과연 무어라 말씀하실는지요. 이렇게 큰 사건이 많은 건 제 생각에는 정치가 잘못된 원인도 있지만 무엇보다 교육이 잘못되었고 종교가 제 구실을 못한 데 있다고 봅니다.

선생님이 지금 이 꼴을 보신다면 누구보다 그들을 꾸짖고 다시 "생각하는 백성이라야 산다"고 외치실 것입니다.

선생님을 존경하고 따르던 씨알들이 92년에 모여 선생님 사상을 이어가고 낫게 만들고자 기념관을 지어 뒷세대 사람들에게 알린다고 나름대로 힘써 왔습니다.

그러나 아무것도 해놓은 일 없이 지내오다가 올해 초 사단법인체로 등록하고자 준비 중입니다. 선생님께서 야단이나 치지 않으실지 두렵습니다.

"야, 이놈들아. 그럴 돈 있으면 세계 여러 곳에서 굶어죽고 병들어 죽는 사람들을 살리는 데 쓰라"고요. 선생님이 야단을 치시더라도 우리만 알고 끝나기는 너무 크신 어른이신지라 다음 세대와 외국 사람들에게도 알리고 싶어 저희들은 뭉쳐 "씨알 함석헌 문화사업회"를 세우기로 했습니다.

저희들은 아직도 선생님 품을 벗어나지 못하여 선생님댁 차고를 사무실로 쓰고 있습니다만 이젠 독립해서 사무실도 새로 차리고 기념비도 세우고 기념관도 짓자고 새로 출발한 실행위원회에서 굳게 다짐했습니다....

선생님을 존경하고 기억하는 사람은 나라 안팎에 많습니다.

선생님을 존경하는 동기야 다 다르겠지만 제가 선생님을 잊지 못하고 그리워 하는 것은 그 크신 정신세계와 실제생활에서 본을 보여주신 데 있습니다.

제가 유신시절 감옥에 있을 때 제 아내에게 직접 소식을 묻는 편지를 주셨고 저희 가족을 조금이라도 도와야 한다고 부산모임에서 돈을 모아 보내주셨습니다. 그 당시 아내도 몸져 누워있었는데 《씨알의 소리》독자 가운데 한 사람인 저를 잊지 않고 보살펴주신 깊은 뜻은 잊을 수가 없습니다.

출감한 뒤 직장에서 쫓겨나 외로울 때 법정스님을 만나고 싶다고 말씀 드렸더니 너무도 모자란 저를 '동지'라고 써주셨습니다. "씨올의 소리" 많은 독자 가운데 한 사람일 뿐인데 인격으로 대해 주시고 위로해주신 선생님. 그리워 불러봅니다.

══════════════════

노명환은 2019년 "이제야 올리는 답장 ─다시 사람답게 죽어보자"는 제목으로 함석헌 선생께 마지막 편지를 쓴다. 이 해는 함석헌이 태어난 지 99년이 되는 해이다.

1971년 '사람답게 죽자'란 글로 박정희 독재정권에 저항의 화살을 쏘아올린 노명환은 거의 30년만인 1999년 또다시 묻는다. 이번에는 독재정권을 끝장내는 것이 아닌, 인간으로서 한 삶을 어떻게 매조지 해야 할지 스스로에게 성찰의 화살을 쏘아 올린다.

"어떻게 해야 사람답게 죽을 수 있을까?"

══════════════════

선생님이 하늘나라로 가신 지도 벌써 10년이 지나 내년이면 탄신 100주년이 되는군요.

선생님이 떠나신 뒤 이 나라는 정치 경제 사회 여러 부문에 걸쳐 엄청난 변화가 일어나 도무지 갈피를 잡을 수 없는 지경에 이르렀습니다.

김영삼 정부가 파탄 내다시피 한 경제를 이어받은 김대중'국민의 정부'는 엄청난 어려움을 겪으며 가까스로 빚투성이 나라 살림을 추슬러 놓았으나 앞으로 넘어야 할 산은 끝이 보이질 않습니다.

가치관은 땅에 떨어져 아비가 자식을, 자식이 아비를 죽이는 세상이 되었고 얼마 전에는 노인이 자리를 양보하지 않는다고 꾸중한 데 앙심을 품은 중학생이 노인을 따라내려 계단에서 발로 차 죽음에 이르게 한 일도 있었습니다.

국민이 건강하고자 만든 의약분업에 반발한 의사들은 환자들을 버려두고 시위를 하는 바람에 죽음을 앞둔 환자들이 이 병원 저 병원 찾아다니다가 끝내 숨진 사례도 여럿 있습니다.

이럴 때 선생님이 계셨으면 어떻게 하셨을까 생각해봅니다.

'이걸 어쩌지 이걸 어쩌지'밤잠을 못 이루시고 "이놈들아 이래선 안 된다. 천하보다 귀한 생명이 먼저다. 어서 병원으로 돌아가"라고 야단치셨을 것입니다.

정치는 날마다 싸움으로 밤을 새우고 나라 살림도 어려워 불안한 이때 온 국민이 축하할 일이 생겼습니다. 노벨평화상이 김대중 대통령한테 돌아왔고 나라에서 처음 받는 큰 상이라 나라 안이 온통 축하 물결로 일렁거리는데 지역감정에 올라탄 사람들은 관심 없는 일이라며 낮잡아 보고 김영삼 씨는 무엇이 고까운지 '노벨평화상이 권위를 잃었고 김대중 대통령은 독재자라 받을 자격이 없다'며 몰아붙입니다. 이래도 되는 일인지요.

선생님.

저는 선생님 가르침으로 불굴의 기상과 용기를 배웠습니다.

수줍고 보잘것없던 제가 1971년 11월호《씨올의 소리》독자란에 '사람답게 죽어보자'란 글을 쓰고 1972년 10월 유신 때 유신헌법을 반대하는 글을 써서 포고령 위반으로 구속되어 감옥살이를 했습니다. 그 뒤로도 고생을 겪었지만 그 때마다 일어선 것은 선생님 가르침이었습니다.

선생님과 인연을 맺은 글 '사람답게 죽자'를 '어떻게 해야 사람답게 죽을 수 있을까?'라는 말로 다시 되새겨봅니다. 다시 가르침을 기다립니다.

《씨올의 소리》2019년 5·6호

2장

장기려와 노명환 – 나눔의 길로

노명환 선생님께

오늘 주신 글월 감사히 받았습니다.

저의 건강은 1992년 10월 13일 뇌혈전증으로 우측 신경마비가 나타나서 2주일간 운동이 불능하였지만은 2주일 후부터는 조금씩 돌아오기 시작해서 자동차 타고 청십자병원에 나가서 환자 진료를 볼 수 있게 되었습니다. 그러나 손은 글씨를 쓸 수가 없어서 대필을 하고 있습니다.

함석헌 선생님은 88년 3월 4일에 별세하셨지만은 별세하시기 2개월 전에 저를 보고 "나는 죽지 아니해"라고 한 말씀을 남기고 세상을 떠났습니다. 육신의 생명은 세상을 떠나 육체는 흙으로 돌아가셨지만은 영의 생명은(참 인격적 생명) 지금도 살아계셔서 하나님의 생명은 영원히 사는 생명임을 증거해 주고 있습니다.

그 생명은 하나님께서 씨알의 생명이라고 예수님을 통해서 가르치신 생명임을 증거하고 계십니다. 나는 예수를 믿고 그의 말씀을 듣는 자는 그를 보내신 하나님을 믿음으로써 나는 그가 가르쳐주신 하나님 아버지와 같이 삶으로써 현실에서도 하나님이 백성으로써 영생하고 있다고 스스로 믿고 살고 있습니다.

나는 어느 날 새벽에 번개가 번쩍하고 즉시로 딱하는 낙뢰 소리에 놀랐습니다. 그 때 나는 육신의 생명은 흙으로 돌아가지만은 영의 생명은 공간과 시간을 초월해서 살고계시는 아버지 우리 주님의 품으로 돌아갈것이라고 확신케 되었습니다. 그것은 성경의 말씀이 가르쳐주시고 예수님께서 영체로 부활하셨고 때때로 저와 동행하시기 때문입니다.

각막 이식에 대해서 말씀하신 것에 대해서는 저도 동감입니다. 그러기 때문에 기독교도 불교도가 아니라도 사람은 누구든지 교통사고든지 곧 즉사하면 자기 장기는 인류에게 드린다고 허락하는 글을 명함에 새겨서 주머니에 넣고 다니는 것을 권장합니다.

그런데 나와 같이 나이 든 사람은 아무리 하려고 하여도 이식 장기로써 적합지 못해서 늙기 전에 시행되어야 하는 것이 대단히 필요한 것입니다. 그러나 이와 같은 남을 위하여 살려고 하는 정신은 하나님의 지상 명령인 줄로 알고 살아야 할 것입니다.

이 생각은 하나님 마음이요 인간이 하나 되는 마음입니다.

예수님 사랑 안에서 장기려 드립니다.

========================

'인제대학 부속 백병원'이라고 인쇄된 이 편지는 날짜가 나와있지 않다. 장기려 박사가 말한 것처럼 옆에서 그를 간호하는 사람이 장기려 박사가 불러주는 대로 쓴 글이다. 그의 평소 필체와 견주어 보면 많이 다르다는 것을 알 수 있다.

노명환은 함석헌으로부터 '들사람 얼' 자유 정신을 배웠고, 그 정신을 나누고 이웃을 보듬는 손길은 장기려 박사한테 받았다. 장 박사는 몸이 허락할 때까지 움직이고 하늘나라로 돌아갈 때는 그 몸마저 나누는 것을 하나님의 지상명령으로 삼았다. 이런 정신을 강조한 편지를 여러 차례 보낸다.

========================

선생님이 서울 백병원에 오시기 전 부산에 계실 때 손으로 글씨를 쓸 수 없어 대필로 보내주신 답장이다. 선생님이 주신 답장을 보고 크게 감동 받아 저도 신장(콩팥)을 기증해야겠다는 결심을 굳혔다.

지난해 여름 제 큰아들에 이어 저도 생명이 시들어가는 한 젊은이에게 기증해 그 젊은이도 건강을 되찾아 힘차게 살고 있고 저도 건강에 아무 탈없이 전보다 더 힘차게 살고 있지요. 이렇게 하도록 힘주신 이는 주 예수님과 장기려 선생님이십니다.

제가 백병원에 선생님 면회 갔을 때 조선일보에 난 우리 부자 신장기증 기사를 가지고 가 간병인을 통해 읽어드리니 말씀은 못하셔도 만족하신 듯 고개를 끄덕이며 웃으시는 모습을 볼 수 있었습니다. 선생님 사랑의 빛으로 한 일이기 때문에 알려드린 것입니다.

그때 간병인이 저와 같은 풍천 노씨로, 일가를 만났다고 반가워했더니 선생님은 손짓으로 둘이 선생님 보이는 곳으로 오라 해서 흐뭇하게 바라보셨지요.

《씨올마당 여덟째 호 1996.2》

그와 장기려 박사가 만난 계기는 함석헌이 펴낸 《씨올의 소리》 영구 독자 모임이다. 노명환이 그곳에 나갔다가 장기려 박사를 알게 되었다. 그가 몇해 동안 함석헌 장기려 두 분을 지켜보고 겪어보니 아주 묘하게 닮은 구석이 있었다. 겸손. 함석헌과 장기려는 어느 자리에서나 자기를 낮추고 어떤 사람 이야기든 귀담아들었다. 또한 남들을 배려하는 품이 남달랐다.

노명환이 장기려 박사 높은 됨됨이를 엿볼 수 있는 이야길 들려준다.

"흔히들 장기려 선생님을 한국의 슈바이처, 성자라고 하잖아요. 빈말이 아닙니다. 장 선생님은 6.25가 일어나기 한 해 전인가 몇 해 전에 아들만 데리고 남쪽으로 넘어오신 것으로 알고 있어요. 북에 부인을 남겨둔 채로.... 그런데 1992년 노태우 정권 때인가 중국과 수교를 하고 사람들이 왔다갔다 하잖아요. 94년인가 중국을 통해서 북에 두고 온 부인과 만남을 주선하겠다는 사람과 단체도 있었나 봅니다. 그때 선생님 연세가 80이 넘었습니다. 얼마나 보고 싶으셨겠어요? 얼마나 그리웠을까요? 장 선생님은 그런 말이 나오면 딱 잘랐다고 해요.

'수많은 이산가족이 있는데, 나 혼자만 그런 자리를 누릴순 없다. 통일이 되면 그때 다른 이산가족들과 다함께 만나겠다.' 했답니다. 대단한 일이죠. 아무나 할 수 없는. 보통 사람이라면 그럴 수 있을까요?

노명환 선생님 전

주신 글월 감사히 뵈었습니다. 지금은 수술처가 완치되었을 줄 믿습니다. 이번 부산 모임에 대한 비판은 감사히 받아오며 저의 소감을 간단히 피력하고자 합니다.

금년 모임의 주제를 처음 금년 초에 "평화에 관한 얼"로 생각하고 문정길 님에게 알리고 강사로서는 오승태 선생에게 교섭했던 바 〈롬 3:21-31〉을 강해 주시게 되어 주제 발표는 문정길 선생이 자진해서 연구해주신 것입니다. 나는 그것을 모임 시작할 그때까지 염두에 두지 않고 오승태 선생 강의 주제, 〈하나님의 의, 신앙의 의〉에 대해서만 유념하고 있었습니다.
문정길 선생은 자기 말대로 공부를 해 하나님의 진리를 깨달은 학자라고 인정되오나, 곤고한 자들에게 알아듣게 해서 위로를 주는 점에서는 학자로서 바람직하지 못함인지, 그렇지 않으면 자기중심주의적인 요소가 들어있음인지, 모임의 많은 사람들이 이해하지 못한 것 같아 죄송합니다.

오승태 선생의 성서 강해는 훌륭했다고 느꼈습니다. 믿음의 의로 하나님과 올바른 관계에서 전적으로 수긍하여 순종하지 않으면, 자기중심으로 되어 믿음이 아니라고 규정하고 한국교회에서 교인들의 신앙은 인본주의적人本主義的인 것이 농후濃厚하여 한국기독교인은 성경의 근본 뜻을 깨달아 하나님 본위로 돌아가지 않으면 안된다고 논論했는데 나는 그 말씀에서 애국적인 것을 느꼈습니다.

또 함 선생님은 현실 한국기독교인들이 과거에 고해한 정통 신앙을[이신득의以信得義 : 예수 그리스도를 믿음으로써 의에 이른다] 배우고 또 가지고 있다고 하면서도 예수님의 사명 교훈(가난한 자에게 복음을 전하여 갇힌 자를 놓이게 하고, 눌린 자를 자유케 하며, 병든 자를 돌보는 일들)은 왜 등한이 여기고 있는가.

마치 변증법적인 교훈을 드리우신 것이라고 생각되었습니다.

그래서 그 근원에 올라가면 하나님의 뜻을 이루어 드리자는 말씀이어서 성경에 바울의 서신과 야고보의 서신이 있듯이 척 보기에는 구원문제의 이견異見으로 보이나 하나님의 말씀에 양면兩面을 이루고 있는 것으로 믿어졌습니다.

'예수 그리스도의 이름 아닌 모임은 참가하기 원치 않고 하나님의 뜻이 아닌 교훈은 사람을 죽이는 것이라고 확신한다'는 오 선생의 강한 발언과 함 선생님의 '나는 전에 바울에게 속았다'고 한 발언은 모순된 것 같으면서도 그 근원에서는 하나님의 구원은 예수그리스도로 말미암는 것이라는 점에서는 같다고 생각했습니다.

한 분은 한국기독교는 하나님 본위의 믿음에서 시작해서 사람 본위로 되어버렸으니, 회개하여야 한다 하였고, 한 분은 하나님 본위의 신앙을 외치면서 예수님의 사명을 실현하지 않는 것은 무엇인가 잘못된 것이 아닌가?

그리고 올바른 하나님 본위의 신앙은 사람이 예수님의 사명과 교훈을 실천하는 것이라고 교훈하신 것이라고 생각했습니다.

그래서 부산 모임은 그리스도를 주님으로 믿는 사람은 자유롭게 모이어 자유롭게 의논하므로써 진리를 깨닫고 실천하는 모임임을 알게 하여야 한다고 믿습니다.

위의 두 교훈이 상치되고 이견異見이라고 생각이 되어 고맙게 받아들여지지 않고 불쾌감 또는 저항을 느낀다면 참 진리에서 먼 것이 아닌가 하고 생각됩니다.

내년에는 저의 집은 장소가 협소하다고 생각되어 가덕도加德島 부근에 있는 무인도에서 모임을 가지려고 합니다. 함 선생님은 매월 부산에 오셔서 말씀하시므로 특강은 유○○ 교수분[6]에게 청탁드려볼까 생각하고 있습니다.

하나님께서 허락하셔야 되는 줄 아오니 그렇게 믿고 기다려 보려고 합니다. 장기려 드립니다.

========================

장기려 박사는 이 편지에도 날짜를 남기지 않았다. 아마 장기려와 노명환 두 사람이 가깝고 자주 보는 사이라서 이럴 수도 있고, 깜빡하고 쓰지 않았을 수도 있겠다.

장기려 박사가 열었던 부산 수양회 모임 평가이야기다.

강사 둘을 불렀는데 그 가운데 한 사람이 너무 어렵고 현실과 동떨어진 말을 해서 모인 사람들이 잘 알아듣질 못했다고 노명환이 비판하자, 이에 대한 답장 편지다.

---

6) 이름을 편지에 쓰지 않았고 노명환도 기억하지 못함

노명환은 말 잘하고 글 잘 쓰는 사람들은 모두 스스로 잘나서 그런 줄 알지만, 들어주고 읽어주는 사람들이 있어서 그들이 말 잘하고 글 잘 쓰는 줄은 모른다고 꼬집었다. 수양회 모임 때마다 자주 이런 말을 했다.

그는 지식인이라면 낮은 곳에 있는 사람, 배우지 못한 신자들이 어떡하면 성경 말씀을 더 잘 알아듣고 그 말씀대로 살아갈지 보여줘야 한다고 말한다. 말 앞세우지 말고 쩔쩔매면서 몸으로 보여줘야 하지 않겠냐고 묻는다.

========================

어제 거제도로부터 부산에 돌아가 주신 글월을 감사히 보았습니다.

주안에 있으면 삶이 서로 통하고 있다고 생각됩니다. 한해도 시키시는 대로 지났을 줄 아오며 우리도 힘들은 세상을 사우면서 살고 있다고 믿습니다.

생각만 해도 기쁜 여름 모임을 금년에도 가지도록 허락해주신 하나님에게 감사드리오며 예년에 만나던 친우들을 다시 만나 사랑과 희락과 화평을 나누게 되기를 기도하오며 바라고 있습니다. 만나 뵈옵기를 기다리겠습니다.

========================　　　　　　　〈장기려 박사 편지 - 날짜는 밝히지 않았음〉

봉함엽서처럼 된 이 편지에도 날짜가 잘 드러나지 않는다. 봉투 우표 위에 소인이 찍혔는데 희미해서 알아볼 수 없다.

가진 것 없는 노명환, 집안 걱정으로 가득 찬 노명환이, 언제나 웃음 잃지 않고 어느 자리에서나 뒤로 물러서지 않고 배짱좋게 앞으로 나설 수 있었던 힘은 정을 나누고 말이 통하는 장기려 박사와 또 그를 응원하는 든든한 수양회 벗들 덕분이었다.

노명환은 모임을 손꼽아 기다렸고, 모임이 없을 때는 수양회 소식지 《부산 모임》에 글을 보내서 답답함을 풀고 울분을 달랬다.

겨자씨 한 알

선교 100주년에 《부산모임》소식지 100호는 더욱 의의가 큽니다.

진심으로 축하드립니다. 기독교 2천년사에 한국교회사 100주년이 길다면 길고 짧다면 짧지만 한국 역사에 이바지한 바 크다고 보며 아울러 《부산모임》지 100호도 다른 각도에서 정말 놀랍다고 봅니다.

예수께서 말씀하신 겨자씨 한 알처럼 잡지라 부르기에도 초라한 20~30쪽짜리 책이지만 100호까지 발행할 수 있는 것은 장 박사님 노고와 편집인의 꾸준함, 후원해주신 여러분들 덕이라고 생각합니다.

현대 사회 특히 한국 교계도 모든 것이 큰 것만 찾는 현실입니다.

대교회, 대집회, 대대적인 헌금... . 그리고 수많은 기독교 잡지들 가운데 《부산모임》지는 마치 순박한 촌사람 모습이요 결코 화려하게 꾸미거나 양만 늘리는 '발전' 없이 100호를 맞이하게 되었습니다.

예수께서 말씀하셨듯이 천국에서 가장 큰 자는 가장 낮은 어린아이입니다. 《부산모임》지가 영원한 어린이길 빕니다. 99마리 큰 무리보다는 한 마리 홀로된 생명을 구하기에 힘쓰는 《부산모임》지라 생각되어 더욱 값지다고 생각합니다.

저는 《부산모임》지를 인연으로 부산 모임 수양회에 참석한 지 10년이 넘었습니다.

주님의 사랑에서 벗어나 세속생활에 속화되어 가는 저에게 여름 수양회는 성령의 단비처럼 몸과 마음을 씻겨주었습니다.

변화산에서 주님을 모시고 살던 제자들처럼 일 년 내내 수양회 날을 기다렸고, 마치는 날이면 헤어지기 싫었지요. 어쩌다 참석하지 못하는 여름은 얼마나 무덥고 지루했는지 모릅니다. 올여름도 더욱 무덥기만 합니다.

발행자이신 장 박사님께서 그날까지 안녕하시길 빌며 《부산모임》지가 더욱 발전하길 바랍니다.

1984년 《부산모임》 제100호 10월호

장기려 박사는 노명환의 마음을 허투루 흘리지 않고 보듬고 어루만져 주었다. 길게 쓸 형편이 안되면 짧은 글이라도 꼭 답장을 보내서 그의 기운을 북돋우었다.

═══════════════

혜서惠書를 봉승奉承하였습니다.

저의 건강에 대하여 염려하여 주심을 감동합니다. 사실 우리들의 생명은 주안에서 하나임을 느낍니다.

이번에 주님이 허락하시면 그곳에 가서 뵈오려고 합니다. ○○한 저는 ○○, ○○을 더욱 느끼게 됩니다마는 여러분의 믿음으로 격려받게 되기를 바랍니다.

═══════════════

봉함엽서처럼 생긴 편지지다.

편지를 받은 노명환 주소가 '강원도 정선군 사북읍 고한 15리 2반'이다. 그는 이 곳에서 한 해 정도 머물렀다.

탄광촌에 요리기구와 그릇을 팔려고 들어왔을 때다. 남녀 두 사람이 한 짝이 돼서 사택을 돌아다니며 월부로 팔았다. 대구에서 노명환과 그의 조카를 포함해서 모두 4개조가 왔는데, 조카가 가장 많이 팔았다. 노명환 장사수완은 여전히 늘질 않고 어색한 자리만 맴돌았다.

장기려 박사가 강원도 정선군까지 찾아오고자 한 것은 노명환을 보는 일이 첫 번째였겠지만 탄광촌 의료봉사도 염두에 두었던 것같다. 그를 사회봉사자로 일컫지만, 이전에 그는 누구보다 뛰어난 의사이다.

그가 탁월한 외과의사임을 증명하는, 미군 의료부대에서도 고치지 못한 환자를 고친, 일화가 있다.

수양회 회원 가운데 채규철이라는 이가 있었다. 장기려 박사가 부산 청십자 보험을 만들 때 함께 뛰었고 농촌을 가난에서 벗어나게 하는 운동에 골몰했다.

그이가 부산에서 차를 몰고 험한 고개를 넘다 과속으로 차가 뒤집어졌다. 둘레 사람들이 그를 겨우 꺼내 급하게 이 병원 저 병원 옮겼으나 문앞에서 다 거절당하고, 어떻게 미군부대에 선이 닿아 진료는 받았지만 미군 의료진조차 고개를 가로저었다.

결국 청십자병원에서 장기려 박사가 수술해서 그이를 살려냈다.

목숨은 건졌지만 다른 곳 살을 갖다붙인 얼굴은 환자 스스로도 못 알아볼 정도로 바뀌었다. 그뒤로 채규철은 경기도 남양주 두물머리 숲속에 들어가 환경을 지키는 작은 학교를 세우고 활동하다 먼저 세상을 떠났다. 이이를 수술할 때 장기려 박사도 건강이 그리 좋지 않았다.

장기려 선생은 수많은 목숨을 지켜낸 명의였고, 어려운 이들한테 따뜻하게 손 내밀며 사회돌봄을 실천했던 의로운 사회운동가였지만, 누구에게나 찾아오는 죽음을 선생도 피해갈 수는 없었다.

1995년 12월 25일.

드높은 인품과 인자한 웃음으로 노명환을 아끼고 이끌어 주던 장기려 박사는 선생이 받들고 우러르던 주님 품에 안긴다. 노명환은 캄캄한 절망감에 빠진 채 눈물로 고인을 기리는 편지를 쓴다.

선생님, 선생님, 우리 선생님

장기려 선생님은 86년 동안 이 땅에 계시다가 95년 12월 25일 예수님이 나신 날 예수님 품으로 가셨습니다. 이 세상엔 수많은 선생님이 있지요. 유치원에서부터 대학교에 이르기까지 자기를 가르쳐 준 선생님이 계시지요. 선생님은 뛰어난 외과 의사로 수많은 제자들을 길러 내셨고 수많은 환자들을 치료하셨지요.

제 등과 가슴에 작은 혹도 수술해 주셨고요. 선생님을 '우리 선생님'이라 부르는 것은 수많은 사람들에게 사랑과 평화를 주셨기 때문입니다. 선생님을 한국의 슈바이처 또는 성자로 부르기도 합니다.

우리나라에 아직까지 노벨상을 받은 사람이 한 사람도 없는데[7], 그 심사위원이란 사람들이 귀가 없어 듣지 못하는지 눈이 없어 보지 못했는지 선생님 같은 예수님 제자에게 노벨평화상을 안 드린 것은 바보스런 일이라 생각합니다. 하기사 선생님은 노벨평화상이 문제가 아니지요. 하느님의 상을 이미 받으셨을테니까요.

많은 사람들이 선생님을 존경하고 따른 것은 여러 가지 이유가 있겠지만 제가 본 선생님은 사심이 없으시고 항상 겸손하게 이웃사랑을 몸소 실천하셨다는 것입니다.

선생님이 서울대학교 병원 영안실에서 모란공원 묘지로 모셔서 하관하는 모습을 보았는데도 돌아가셨다는 생각이 하나도 안 드는 것은 웬일일까요? 선생님은 죽어 땅에 묻혀 있을 분이 아니고 부활하셨습니다.

사람들이 저한테 어떤 돌멩이를 던져도 두렵지 않습니다.

예수님 제자들이 그랬듯이 장기려 선생님은 부활하셨다고 크게 외치고 싶습니다. 선생님은 이 땅에 계시는 동안 수많은 사랑의 씨를 심으셨습니다. 비록 지금은 작은 나무로 자라지만 자꾸자꾸 자라서 오십배 백배 큰 사랑 나무가 될 것입니다. 저도 그 씨를 받았습니다.

저는 선생님 신을 들고 따라다니기에도 부족한 사람입니다. 제가 독재자 박정희 때문에 감옥에 갔고 직장도 빼앗겨 시장바닥과 거리를 헤매며 외롭게 장사하며 지나다가도 부산 모임 여름 수양회에 가서 선생님을 뵙고 말씀을 들으면 외롭고 힘들었던 일이 눈 녹듯 사라지고 새 힘을 얻어 다시 생활전선으로 돌아왔지요.

제가 이 세상에 와서 선생님을 알고 사랑을 배운 것은 얼마나 행복했는지 말로 다 할 수 없습니다. 선생님은 수양회 때도 제가 드린 편지 답장을 주실 때도 저 같은 것을 꼭 노 선생이라 하셨고 답장도 잊지 않고 보내주셨지요.

87년 9월 6일 저한테 보내신 편지입니다.

선생님 고맙습니다. 크고 크신 어른이 저와 같이 작고 작은 사람을 너무 칭찬해 주셨고 더욱 고마운 것은 편지 끝에 부신모임 회원 열 분이 같이 서명해 주신 것입니다.

이제 저희들이 할 일은 기념사업도 중요하지만, 선생님은 훌륭하신 분

---

7) 이글은 1996년도 쓴 글이다. 김대중 전 대통령이 2000년 12월에 한국인 최초로 노벨평화상을 받았다.

이다! 그런 분은 이제까지 보지 못했다고 그리워만 하고 있을 것이 아니라 선생님한테 받은 은혜대로 배운대로 어려운 이웃을 돕고 사랑하며 함께 살아야겠다는 것이지요.

1996년 《씨울마당》 여덟째호

노명환은 장기려 선생이 걸어간 길을 따라 걷겠다고 다짐한다. 선생에게서 받은 은혜와 사랑을 이웃에 돌려주겠다며 또 다짐하고 새긴다. 말이 아닌 땀으로, 혼자만이 아닌 더불어 살겠다는 서약으로 슬픔을 거둔다.

마음이 흔들리고 발길이 어지러울 때마다 편지로 장기려 선생을 불러낸다.

저들을 살려주세요

그리운 선생님!

선생님이 세상을 떠나신 지도 벌써 여섯 해가 되었습니다. 저는 지금 어느 때보다 선생님이 그립고 살아계실 때 모습이 뚜렷하게 떠오릅니다. 요즘 선생님을 그리는 것은 '허준'이란 인물 때문입니다.

소설 《동의보감》에서 그의 인술을 보고 큰 감동을 받았고, 지금 어느 방송국에서 창사특별기획으로 허준을 주인공으로 연속극을 보여주는데 아이들처럼 또 울고 말았습니다. 연속극 허준 모습에서 장기려 선생님을 보았기 때문입니다.

그는 '아랫것'이란 허물을 쓰고 태어나 갖은 고생과 업신여김을 이겨내며 어의 유의태 선생 아래서 공부합니다. 어떤 일로 쫓겨난 유의태와 함께 몇 해 동안 산에서 문둥병자들을 돌보는 일을 합니다. 유의태는 '이제 내 의원 과거를 보아도 되겠다'는 말과 함께 허준을 내려보내고 그는 과거길을 떠납니다.

날이 저물어 하룻밤 묵게 되는 주막집에는 허준 말고도 내의원 과거를 보러가는 의원들이 여럿 있었습니다. 밤이 깊었는데 어느 부부가 찾아와 '제발 죽어가는 아버지를 좀 살려주세요.'라며 빌고 비는 것 아닙니까.

허준은 깊은 생각에 잠겼습니다.

왔던 길을 십리길이나 되돌아가야 한다는 이 부부를 따라가 치료를 해주어야 하는가. 아니면 과거길을 재촉할 것인가. 혹여 과거를 못 보면 집에서 나뭇짐 지고 병자들 피고름옷을 빨며 품팔이 하는 아내와 삯바느질로 집안 살림을 꾸려오신 어머니 얼굴은 어떻게 뵈야 하나.

이 대목에서 저는 그만 또 울고 말았습니다.

선생님, 제가 허준이라면 그때 어떻게 했을까요? 저는 그 부부를 따라나서지 못할 것 같았어요. 왜냐면 제 아내도 가난한 저한테 시집와서 새댁 때부터 산에가서 가랑잎 긁으며 밭매고 갖은 고생을 다했지만, 이제껏 내색 한번 않고 살아주었으니까요.

이번 과거는 허준이 붙을 실력도 있었고, 붙기만 하면 이 나라 첫째가는 의원으로 이름을 날릴 하늘이 준 기회였습니다. 돈과 명예를 얻어 식구들 고생을 그만두게 할 길이 활짝 열렸는데도 결국 사람을 살리는 쪽으로 발길을 돌리는 걸 보고 장기려 선생님이 떠올랐습니다.

선생님은 이 나라 첫째가는 외과의사이면서도 돈이나 명예는 돌보지 않고 오로지 어려운 이웃을 위해 한 평생을 몸바치셨지요. 선생님은 성자이시고 슈바이쳐였습니다. 가난한 환자가 입원비를 내지 못하고 고민하는 것을 보고 뒷문으로 살짝 도망가라고 귀띔하셨다지요.

세상에 이런 의사! 이런 원장이 어디 있습니까?

허준이 유의태 선생한테 큰 배움을 얻었듯이 저는 의사는 아니지만 선생님 큰 가르침을 받았습니다. 시신 기증, 뇌사 장기 기증, 뼈 기증까지 약속해 놓고 제 아들에 이어 콩팥도 기증하기로 약속한 것은 모두 선생님이 부족한 저를 치켜세우고 힘을 북돋아주셨기 때문입니다.

선생님은 살아계실 때 저를 인격자로 보아주셨고, '나라와 동포를 사랑하는 애국자'라고 말씀하셨습니다. 제가 어떻게 인격자이고 어떻게 애국자이겠습니까. 한 번도 그리 생각해본 적이 없고 오로지 선생님만 본받아 살겠다는 마음 뿐이었지요.

선생님.

옛날 소돔 고모라성은 의인 열 사람이 없어 멸망했다고 합니다. 하지만 다행스럽게도 이 나라는 허준 같은 사람, 장기려 같은 참 사람이 열 사람은 넘는다고 봅니다. 저들을 살려주세요.

2000년 3월 10일 《우리말 우리얼》제20호

3장

이오덕과 노명환
– 참말로 헛된 삶을 들추다

노명환 선생님께

보내주신 글 반갑게 받아 읽고 선생님의 그 높은 정신 앞에 머리를 숙이고 많은 것을 생각했습니다. 한 가지 의논 드리고 싶은 것은 이번에 보내신 글을 우리 회보에 싣고 싶습니다. 부디 허락해 주시고, 아울러 제목을 좀 고쳐야되겠다고 생각했습니다. 어떻게 고쳐야 할는지 생각 좀 해주시면 고맙겠습니다.

'죽음아, 너의 쏘는 것이 어디 있느냐'로서는 말이 좀 안 됩니다.(우리 말법이 안 됩니다.) '죽음아, 네가 쏘는 것이 어디 있느냐'이래야 되는 데, 그것보다는 아주 '죽음아, 쏠 테면 쏘아보라'고 하든지, 아니

면 또 달리 쓰든지 해도 좋겠습니다.

　전화로 의논하고 싶었는데 전화번호를 몰라서 편지를 씁니다. 여기 드리는 책은 최근에 나온 보잘 것 없는 것입니다. 늘 건강하시고 귀한 일 많이 해주시기 바랍니다.

9월 2일

　편지에는 연도가 나와 있지 않다. 어느 때인지 정확히 알 수 없다.

　노명환은 이오덕 선생이 편지에서 일러준대로 '죽음아, 너의 쏘는 것이 어디 있느냐'는 글을 다시 한번 가다듬어 〈우리말 우리글 제4호〉에 실었다. '죽음아, 네 승리는 어디 갔느냐'로 제목도 바꿨다.

　〈고린도전서 15:55〉에 나오는 말이다.

죽음아, 네 승리는 어디 갔느냐
〈고린도 전서〉 15:55

　요즘은 세 사람만 모여도 건강 이야기에 꽃을 피운다.

　건강식품은 무엇무엇이 좋으며, 운동은 무슨 운동이 좋고, 장수촌 사람들은 왜 그렇게 오래 사는가 따위.

　예전에는 건강에 대해 마음 쓸 여유가 없었다. 그날 그날 입에 풀칠하는 것이 다행이요, 내일 먹을거리를 구하는 것이 급한 일이었으니까. 오죽하면 인사가 "진지 잡수셨어요?" "식사했어요?"였을까.

　지금은 먹을 것은 해결이 되고, 의학이 발달해서 평균수명은 10년 이상

길어졌지만, 그 대신 성인병으로 40대 사망률 세계 최고, 교통사고 사망률 세계 최고[8]로, 어제까지 만난 사람들이 오늘 저세상으로 가는 것을 쉽게 볼 수 있다.

사람은 누구나 건강하게 오래오래 살고 싶지만, 그 목숨을 누가 장담할 수 있는가. 내가 오래 살려고 건강운동을 하고 건강음식을 골라 먹는다 해도, 그리고 교통법규를 잘 지키고 규칙생활을 한다 해도 죽음의 심부름꾼은 미친 놈들을 시켜 눈 깜짝할 사이 우리를 덮치고 데려간다.

죽음은 두렵고 슬프다.

사랑하는 가족과 벗들을 영원히 이별하고 나는 땅속에 묻혀 흙이 된다고 생각하면 허무하기 그지 없다. 그래서 '여호와의 증인'들은 지상천국에서 영원히 살 수 있다고 자기들 나름대로 박해를 받으며 전도하고, 휴거를 믿는 사람들은 믿지 않는 가족과 친구들을 땅에 남겨 두고 자기들만 공중으로 들려 올라가 오래오래 살려고 그 소동을 피운 것 아닌가.

나는 혼자 천국에 가지 않으련다.

그래서 시신 기증을 결심했고, 작년 9월 30일 등록하고 '씨올모임'지와 동아일보에 '같이 살기 운동'으로 동참하자고 썼다. 시신 등록증을 받아 주민등록증과 함께 가지고 다니니 죽음에 대한 두려움과 공포가 사라졌으며, '내일 종말이 온다 해도 오늘 사과나무 한 그루를 심겠다'는 말이 내 것으로 받아졌다.

죽음의 심부름꾼은 우리를 노리고 있다. 힘으로 못 이기고 돈으로도 명예로도 어림없다. 오직 혼으로 이길 수 있다.

"죽음아, 와 보라. 겁나지 않다. 나는 죽어도 아홉 사람을 살릴 수 있으니까."

(각막 두 사람, 콩팥 두 사람, 심장, 폐, 췌장 한 사람씩, 골수 한 사람씩) 장기기증이나 시신 기증단체가 있지만, 내가 '같이 살기 운동'으로 알

8) 1993년 기준이다. 교통사고 사망률 세계 최고란 부끄러운 이름은 벗어났다. 그러나 지금도 높은 편이다.

린 것은 아직도 몰라서 등록하지 못하는 사람들이 많기 때문이요, 나 자신 죽음의 공포에서 벗어난 편안한 마음 때문이기도 하다.

우리 모두 이웃을 위해 끝까지 봉사하고 죽음의 공포에서 해방되자!

1993년 9월 21일 《우리말 우리얼》제4호

이오덕 선생과 편지를 주고받을 때마다 노명환은 새롭게 말을 배워갔다. 거짓된 말을 떨치고 참말을 얻었다. 함석헌 선생과 장기려 박사가 떠난 자리, 스승의 빈자리, 그 헛헛하고도 그리운 자리를 이오덕 선생이 대신 했다.

함석헌, 장기려, 이오덕 선생을 꿰뚫는 두루 통하는 점은 사람을 대할 때 있는 그대로 편견없이 맞이하는 낯빛, 꾸밈없는 몸짓, 솔직한 마음이다. 세 사람은 한국사회를 움켜쥔 학벌 지연 혈연 같은 것은 하잘 것 없는 곁가지로 여겼다. 그 많은 시간을 함께 하면서도 노명환한테 어느 학교를 졸업했는지, 태생이 어딘지, 묻지 않았다.

올곧게 하루하루 살아가고자 애쓰는가, 말과 몸이 하나로 움직이는가, 스스로에게 삿된 생각은 없는가만 물었다.

노명환 선생님께

편지와 나무망치 잘 받았습니다. 그 망치 가지고 선생님 가르치신 대로 발바닥을 한참 후리니 아주 시원했습니다. 그리고 다리도 두드리고, 팔과 어깨도 두드리고, 등도 두드리고 했습니다. 이 망치가 저를 건강하게 하는 도깨비 방망이가 될 것 같아 여간 기쁘지 않습니다.

함께 보내신 〈좋은 건강 체조법〉은 오늘부터 몇 가지씩 해보려고 합니다. 신정숙 씨가 어제부터 여기 와서 회보 원고 정리하고 만들고 있는데, 노 선생님의 그 건강체조법을 회보에 연재하고 싶다고 해서 부탁드린 것은, 이번에 보내신 글을 그대로 내는 것 보다 몇 가지씩 자세하게 설명하고, 그림도 그려서 잘 알 수 있게 했으면 좋겠다고 했습니다. 그러니까 한 두 번에 다 싣지 않고 10번이든지 20번이든지 연재를 하는 것이지요.

제 생각에도 그렇게 하실 수만 있다면 그렇게 여러 번 연재하는 것이 좋겠다고 생각합니다. 읽는 사람들도 그 많은 운동을 한꺼번에 다 익히는 것보다 한 두가지씩 또는 두세 가지나 서너 가지씩 배워 나가는 것이 수월하고 재미를 들일 수도 있지 않겠나 싶습니다.

그리고 그때마다 건강에 관련된 이야기도 더러 곁들이면 한층 좋은 읽을 거리가 되겠지요. 이렇게 해서 모두 연재가 끝나면 그것을 책으로 한 권 만들 수도 있겠습니다. 문제는 그림을 그리는 것인데, 뭐 잘 못 그리시더라도 알 수만 있게 그리면 되는 겁니다.

신정숙 씨가 선생님 보내신 건강법 첫머리 읽어 보더니, 첫 번째 준비운동에 나오는 말 '고관절'이 무슨 말인지 모르겠다고 했습니다. 그러니까 글만 가지고는 익힐 수가 없고 반드시 그림을 그려 놓은 것을 보아야 알 수 있을 것입니다.

선생님 편지에서 저를 너무 칭찬하신 말씀을 읽고 정신이 번쩍 들었습니다. 저는 남의 스승이 될만한 사람이 아닙니다. 이러고 보니 제가 남들에게 아주 잘못 보였구나, 너무

내 주장과 내 자랑이 되는 말만 글로 쓴 것 아닌가 싶어 크게 반성이 됩니다. 저는 도리어 노 선생님 만나게 된 것을 참으로 큰 행복으로 알고, 노 선생님한테서 많은 것을 배우면서 앞으로도 스승으로 삼고 싶습니다.

어제 편지를 받고 곧 전화를 하려고 했는데, 전화번호가 잘못되었는지 통화가 안 되었습니다. 그래서 오늘 이렇게 몇 자 대강 적습니다. 이 편지를 여기까지 쓰고 있는데, 마침 선생님이 전화를 하셨군요. 어제 저녁에 나간 텔레비전 방송, 그것 참 어떻게 나갔는지 궁금하고 염려됩니다. 제가 그때 (방송국 사람들이 녹화하러 왔을 때)몸도 좋지 않은 데다가 세 시간이나 시달려서 아주 지친 상태여서 남들 보기에 아주 딱한 모양으로 비쳤을 것입니다.

〈우리말살리는모임〉에 대한 사람들의 관심과 지원 같은 것도 좀 받을 수 있도록 말해야 하는데, 정말 기진한 상태에서 정신이 없었어요.

참 좋은 기회를 그렇게 놓쳤구나 싶습니다. 그리고 저 자신을 남 앞에 그렇게 내어놓고 보이는 것이 아주 싫어서 여러 번 거절했는데, 그 사람들이 그렇게 일을 벌이도록 만들어서 그 모양으로 나갔습니다.

제 방에는 텔레비전 수상기가 없고, 여기는 또 MBC방송만 나오고 KBS는 나오지 않아서 다행이란 생각도 듭니다만.... .

선생님이 아침마다 운동하시면서 저를 생각하신다는 말씀 듣고 감격했습니다. 저도 새벽에 일어나 기도하고, 30분에서 50분 정도로 숨쉬기(행기)할 때 선생님 생각합니다. 이 행기가 끝나면 그 다음에는 모관운동을 10분쯤 하고, 발목욕을 합니다. 그리고 이제부터는 수시로 그 나무 방망이로 발바닥을 두드리고, 발과 팔, 어깨도 두드리기로 했습니다. 또 선생님 쓰신 건강 체조법도 몇 가지씩 확실하게 배워 가겠습니다.

오늘은 아침부터 햇빛이 창문으로 들어왔습니다. 유리창을 타고 올라간 담쟁이 잎이 제법 넓게 피어서 그 연둣빛이 곱게 눈에 들어옵니다. 꼭 유리창에 수를 놓은 것 같습니다. 다음 만날 때는 선생님 덕분으로 지금

보다 훨씬 더 건강한 몸으로 만나게 될 것이라 믿어집니다. 부디 선생님께서도 이 봄에 건강하시고 즐거운 나날을 보내시기 빕니다.

2000년 4월 28일 아침
이오덕 드림

========================

노명환은 이 편지를 받고 감격한다.

이오덕 선생님은 '우리말 바로살리기' 운동으로 학계나 사회에서 이름이 널리 알려진 이 아닌가. 그런 분이 거리낌없이 나같은 사람을 스승으로 삼고 싶다니! 놀랍고 황망했다.

스스로를 낮은 곳에 두지 않으면 쉽사리 꺼낼 수 없는 말 아닐까.

더욱이 나이가 들거나 이름이 드높아진 사람들은 더더욱 그렇잖은가. 노명환은 궁금했다. 어느 정도 수양이 된 사람들은 '겸손'을 '겸손한 척'으로 꾸밀 수도 있지 않을까.

그러나 언제 어디서나 한결같고 말뿐 아니라 행동도 늘 그렇다면? 노명환은 이제 어떤 자리에서든지 대놓고 자랑한다. 세 스승을 만난 일은 크나큰 행운이요 아무나 누릴 수 없는 엄청난 복이라고.

이오덕 선생이 편지에서 말한 '건강체조법'은 2000년 7월 10일 〈우리말 우리얼 제23호〉부터 싣는다. '내 몸을 소중하게'라는 고정 꼭지 아래 첫 번째로 '왜 운동을 해야 하는가?'란 글을 실었다.

어릴 때부터 자리 보전한 아버지를 보며 병약하면 어떤 뜻도 펼칠 수 없음을 누구보다 잘 알고 있었기에 그는 건강에 관심이 많았다. 콩밭기증을 비롯한 장기 나눔을 실천하며 몸을 깨끗하고 건강하게 보살피는 버릇이 어느덧 몸에 배었다.

노명환은 '내 몸이 나만의 몸이 아니듯, 당신 몸도 당신만을 위한 몸이 아니'라고 말한다. 몸은 너와 나 함께 가꾸고 나누어야 할 모두의 것이라 말한다.

2부
세상을 밝히는 땀 방울

나
눔

4 장

몸을 나누며

노명환은 세 번 죽을 고비를 넘긴다.

1949년 열네살 때 동무들과 고향 부안에서 나무하러 가 절벽에 떨어져 매달렸다가 살아난 일. 1999년 경기도 양주 가나섬유에 다닐 때 교통사고를 당해 아슬아슬하게 목숨을 건진 일. 2013년 대장암에 걸려 항암치료를 받으면서 기사회생한 일.

죽음의 문턱에서 돌아올 때마다 노명환의 생각은 깊어졌고 이웃을 대하는 품은 넉넉해 졌다.

남들보다 기회를 세 번이나 더 받았으니 더욱 열심히 살아야 겠다는 마음이 자신도 모르게 조금씩 자리 잡아 나갔다. 죽음이 삶을 가꾸었다.

삶과 죽음의 갈래 길에서

사람들은 젊을 때나 건강할 때는 죽음이 아주 멀리 있는, 자기와는 상관없는 남의 일처럼 생각하는데, 나는 삶과 죽음이 아주 가까운 거리에 있다는 걸 1999년 1월 30일 저녁 7시에 겪었다.

어려운 나라살림으로 실업자가 넘쳐나는 형편인데 용케도 내가 다니는 회사는 일감도 줄지 않고 월급도 다달이 제 때 나왔는데, 그 날도 마침 월급날이었다.

월급 봉투를 받았으니 통닭이라도 한 마리 튀겨 식구들과 나눠 먹을 고맙고 기쁜 마음에 급하게 달려가는데 갑자기 내 눈앞으로 차 불빛이 들어오는가 싶더니 미처 피할 새도 없이 나를 들이박았다.

내 옆얼굴인지 머리인지 분간이 안가는데 나를 치고는 그대로 뺑소니 쳤고 나는 순간 속으로'주여!'한 마디 외치고 이제는 죽는구나하는 생각이 스치며 고꾸라지고 말았다. 잠깐 있다 정신을 차리고 보니 왼손에서 피가 흐르고 눈두덩이에서도 뭔가 끈끈한 게 나오고 오른손은 아예 움직일 수 없었다. 가슴 쪽 옷이 이상해서 보니 겨드랑이 사이로 두꺼운 옷을 뚫고 차 앞 거울(백미러)이 꽂혀 있었다. 섬뜩했다. 이게 내 가슴을 뚫고 들어왔단 말인가? 조심스럽게 빼 보니 오른팔 알통을 찌르면서 끝이 굽었다.

2차선 좁은 길가에서 차가 내쪽으로 몇 센티미터만 더 다가왔거나 내 발이 차쪽으로 몇 센티미터만 더 치우쳤으면 차와 내 몸이 바로 부딪혀 나는 그 자리에서 저 세상으로 갈 뻔했다. 정말 아슬아슬한 순간이었다.

지나가는 택시를 잡아 타고 정형외과에 갔더니 다행히 뼈에는 탈이 없고 몸이 위태롭지는 않았다. 이제까지 말로만 듣던 뺑소니를 내가 당했다. 그 때 내가 죽었다면 어땠을까?

내 몸은 시신, 뇌사 장기기증을 해두었으니, 어느 병원에서 내 몸은 해부되었을 것이고 내 사랑하는 식구들과 벗들은 영안실에 모여 슬픔에 젖었을 것이다. 그런데 몇 센티미터 차이로 죽음을 면했다. 평소에도 '어차피 한 번은 죽을 몸'이란 생각을 자주 했는지라 죽음에 대한 두려움은 없었으나 이번 일을 겪고보니 하나님께서 나를 이 땅에서 전보다 더 열심히 살고, 더 이웃을 사랑하며, 더 봉사하라는 뜻으로 살게 했구나 싶었다.

살아있는 모든 생물이나 생명이 없는 물건까지도 전과는 달리 새롭게 보였다.

삶과 죽음 사이는 너무나 가깝고 죽음은 언제 올지 모르니 잠깐이라도 정신을 가다듬고 남은 삶을 살아야겠다.

1999년 3월 10일 《우리말 우리얼》제8호에서

노명환은 이 일을 겪고난 뒤 장기기증 운동에 적극 앞장선다.

짬짬이 장기나눔 운동을 이웃에 알리고, 틈틈이 신문에 글을 내서 장기기증에 대한 사람들 생각을 바꾸고자 했다.

한국에서는 최초로 아들과 함께 콩팥을 기증해서, 장기기증 역사에 이름을 올렸다.

장기기증 더 번졌으면

자신의 시신을 제자들에게 기증한 전 서울대 의대 학장 이광호 교수의 살신성인과 서울 지역 9개 의대 해부학과 교수 35명이 결의한 시신기증 기사를 보고 큰 감명을 받았다. 나도 친구 고영균 님과 함께 시신기증 등록을 하고 증서를 받았다.

이렇게 결심한 건 '같이살기운동' 차원에서였는데, 내가 이제껏 건강하게 살아온 것은 멀고 가까운 이웃들의 직접 간접적인 도움을 받았다고 생각했기 때문이다. 우리는 이웃 없이는 살 수 없는 존재들이다. 그 이웃들의 도움과 사랑을 갚는 길은 언제 어디서나 힘 닿는대로 이웃에 봉사하고 이웃과 더불어 살아야하는 것이다.

죽은 뒤에 장기는 물론 몸 전체를 바쳐 여러 사람이 새로운 삶을 이어갈 수 있도록 한다면 그것은 허무한 죽음이 아니고 값진 죽음이요 마지막 봉사의 죽음인 것이다.

나는 '시신 및 장기 기증운동'이 '같이 살기 운동'으로 확산되길 바란다.

이 운동은 돌아가신 함석헌 선생이 제창했다. 내가 결심해도 가족들 동의를 받는 것이 쉬운 일은 아니다. 죽으면 한줌 흙으로 돌아갈 몸, 좁은 나라에 호화분묘나 만들고 울면서 절하고 제사만 지내면 무엇하겠는가.

살아있을 때 부모님께 효도하고 이웃간 서로 돕고 사랑해야지. 비록 나는 죽어도 내 몸과 장기로 여러 사람이 살수 있고 의학발전에 도움이 된다면 최고의 봉사가 아닐까.

미국에는 지금 〈국제 눈[眼]재단〉이 세워져 세계 50남짓 나라가 가입했고 일본에도 〈눈[眼]은행〉이 43곳, 기증등록자만 80만명에 이르고 있다.

또 불교 나라인 스리랑카는 58년에 〈눈[眼]은행〉이 설립되어 국민의 50퍼센트가 이에 호응하고 기증하겠다는 사람이 남아돌아 안구를 55개 나라 133개 도시에 보낸다고 한다.

우리 실정은 어떤가.

15만명 가량이 실명인인데 약 15,000명이 각막을 이식받으면 밝은 세상을 볼 수 있다고 한다. 90년말까지 1천명 이상이 이식수술을 받았는데 성공률은 100퍼센트에 가깝다고 한다.

시신이나 장기기증운동에 동참하실 분은 서울대의대 '해부학교실'이나 '사랑의 장기 기증운동본부'에 연락하시기 바란다. 자세한 안내서를 보내 드리겠다.

1992년 동아일보

노명환은 말이 땀으로 되지 않고, 말이 손발이 되어 움직이지 않고, 그저 말이 말로만 머물러 있는 것을 싫어했다. 손 부르트도록 움직이고 발품 팔아 몸과 마음을 이웃과 나누며 함께 걸어온 길이 그의 길이었다.

콩팥기증 이야기를 해보겠습니다.

내가 기증한 이야기라 쑥스럽지만 건강문제와 깊은 관련이 있기 때문에 자세히 적어보렵니다. 내 나이 예순 되는 1995년 8월이었습니다. 예순이 넘으면 기증하고 싶어도 받아주지 않는다기에 부랴부랴 서둘러 한 일이었습니다. 제 아들은 두 달 앞서 6월에 먼저 기증했는데, 아들은 스물다섯 살된 청년에게 나는 스물아홉 살 된 아가씨에게 기증했습니다.

1992년 〈동아일보〉에 서울의대 김광호 학장이 세상을 떠났는데 유족

과 제자들이 평소 그분 뜻을 받들어 장기(안구)는 이식하고 시신은 해부학 연구로 쓰기로 했다는 기사가 났습니다. 그분 제자들도 죽은 뒤 시신을 기증하기로 했다고 나와 감동받았습니다.

기사를 읽고 퀘이커 벗이자 후배인 고용균 씨에게 이 이야기를 했습니다. 죽으면 흙이 되는 데 아껴 무엇하겠는가. 주검이라도 기증해서 의학발전에 도움을 주기로 결심했다. 뇌사 때는 모든 장기를 이식해 여러 생명을 살릴 수 있으니까 나는 죽어도 살아있는 것이나 마찬가지 아니냐. 장기를 기증하겠다.

그에게 내 결심을 말했더니 자기도 그런 생각을 했다며 당장 가자고 해서 무작정 걸어 동숭동 서울대 의대 해부학과로 찾아갔습니다. 참 이게 인연일까요? 그곳에서 생각지도 못한 사람을 만납니다.

내가 그토록 좋아하고 따르던 장기려 박사님 아들을 보게 되었죠. 서울대 의대 해부학과 장가용 교수가 그이입니다. 반갑게 인사 나누고 장기려 박사님 옛이야기로 말꽃을 피우다가 기증할 뜻을 말했더니 당장은 안 되고 식구들 동의서를 받아 와야 한다고 했습니다. 집에 돌아와 아내에게 말했더니 처음엔 놀랐지요.

지금은 수만 명이 시신 기증을 등록했고, 콩팥 기증은 '사랑의 장기 기증본부'에 등록된 사람만도 600명이 넘지만 그 때는 시신기증이란 말조차 낯설 때니 놀랄만했지요.

나중에 콩팥을 기증한 큰아들은 그때 집에 없어서 동의서를 못 받았고 막내아들과 아내한테 도장을 받아 등록했습니다. 고용균 씨가 19번 나는 20번을 받았습니다. 언제 무슨 일이 있을지 몰라 등록증을 늘 몸에 지니고 다니니 죽음도 두렵지 않았지요.

큰아들은 나중에 집에 들어왔는데 끝까지 등록을 안 하더군요.

'저놈도 함께 하면 좋을 텐데' 생각하고 지나갔는데, 며칠 뒤에 아들이

"저는 살아서 콩팥부터 기증하겠습니다."고 해서 놀라웠고 한편으로는 얼마나 대견했는지 모릅니다. 아들이 한양대 병원에서 기증을 했는데 이식수술을 무사히 마치고 병실로 돌아와 마취가 풀려 아픔을 참는 것을 봤습니다.

가슴이 아려왔지만 속으로 '아들아, 장하다. 나는 시신 기증 등록만 했는데 너는 콩팥을 기증했구나. 네가 했는데 아버지인들 못하겠느냐. 나도 하겠다.' 마음먹고 두 달 뒤 콩팥을 기증했습니다.

평소 존경하던 두 분 선생님 영향이 컸지요.

함석헌 선생님은 생전에 '같이 살기 운동'을 펴야 한다고 하셨고 예수를 판 가룟 유다도 지옥으로 보내면 안 된다고 하셨습니다. 북한 동포도 끌어안아야 된다고 하셨지요.

장기려 박사님이 평생 예수님 사랑을 몸소 실천한 삶을 보여주셔서, 나는 '내 장기 하나 떼주는 것은 큰 문제가 아니'라고 생각하게 되었지요. 콩팥 하나 기증해도 남은 하나가 더 커져 두 개 몫을 한다는 현대의학을 믿었고요.

그러나 수술을 마치기까지 어려운 고비도 있었습니다. 식구들 반대가 심했습니다. 아내는 당신까지 하려고 그러느냐 했고 큰아들은 젊은 저도 많이 아팠는데, 나이 든 아버지는 참기 더 힘들 것이라고 반대했지요. 하지만 한 번 마음 먹으면 꺾지 않는 내 성격을 알기에 결국 수술 확인도장을 찍어주었습니다.

직장에서도 반대가 있었습니다.

전무가 아들도 했고 당신은 다른 일로도 이웃돕기를 하는데 나이들어 몸에 이상이 있으면 어쩌려고 그러느냐 했고, '사랑의 장기기증 운동'본부장조차 아들이 식구들 대표로 기증했는데 당신까지 하려느냐며 반기지 않았습니다.

제 결심이 워낙 확고한지라 건강검사를 받고 조직을 이식받을 사람을 기다렸습니다.

한 달 뒤에 맞는 사람이 있다며 입원하라는 연락을 받았습니다. 결심은 했으나 생각보다 이식날짜가 빨라 마음에 설레기도 하고 걱정도 되고 어느 분이 내 장기를 받는지 궁금했지요.

그때까지 이식받을 사람이 누군지 전혀 모르고 있다가 병원에 가는 날 스물아홉 살된 아가씨란걸 알았습니다. 직장일은 먼저 수술받고 요양하던 큰아들한테 맡기고 병원에서 지내는 동안 필요한 것을 챙겼는데 건강 베개, 건강 망치, 운동화도 가지고 갔어요. 마치 운동선수가 시합에 나가는 것처럼.

병원에서 그 아가씨를 만났는데, 그동안 얼마나 병으로 지쳤는지 얼굴은 파리하고 애처로운 모습이었어요. 사람은 누구나 욕심이 있는 법.

이왕에 내 콩팥을 기증한다면 젊은 사람한테 주고 싶었던 게 내 솔직한 마음이었고, 그쪽에서도 이왕이면 젊은 사람 것을 이식받았으면 했겠지요. 나이든 나를 보고 실망할까 봐 내 건강 이야기를 들려주며 운동기구도 꺼내 보여주고, 나는 30년 가까이 운동을 한 사람으로 30대 부럽지 않은 건강을 지니고 있다고 안심시켜 주었습니다.

그러고는 걱정말고 수술실에 들어가자, 그리고 이것도 인연인데 수술이 잘되기만 서로 기도하자고 했더니 마음을 놓은 듯 얼굴이 밝아졌고 나이든 처녀 부모님은 내 손을 잡고 고맙다는 인사를 몇 번이고 했지요.

병원에 가기 전에는 내 건강과 조직이 같은 환자를 찾기 위한 검사입니다.

입원해서 다시 1주일 정도 검사를 합니다. 그 가운데는 정신과 검사도 있었어요. 마지막으로 초음파로 콩팥을 검사한 사진을 보던 의사들이 고개를 갸웃거리더군요. 원래 잡아놓았던 수술시간까지 늦춰졌어요. 무슨 일인가? 콩팥에 있는 가는 핏줄에 이상이 있는 것 같다며 영등포의 방사

선과 전문병원에 가서 씨티 촬영부터 해봐야겠다고 말했습니다.

가슴이 무너지는 듯! 어제까지도 건강에 아무런 문제가 없었는데 어찌된 일인가?

만약 잘못되어 기증을 못 하게 되면 이식받을 아가씨는 얼마나 절망할까. 이런저런 생각에 눈물이 나왔습니다. 그리고 기도했지요. 제발 아무 일 없도록 해달라고 기도했습니다. 가슴 조이며 이튿날 검사를 받아보니 아무 문제가 없다고 해서 또 다시 고마운 눈물을 흘렸습니다.

이런 고비를 넘기며 수술을 끝냈고, 수술이 잘 되었다는 말을 들었습니다.

하느님께 기도드렸고-운동을 해야 빨리 회복된다는 말을 듣고-수술받은 이튿날부터 새벽에도 혼자 일어나 복도를 오가며 걷기운동을 시작했습니다.

의사들도 젊은 사람보다 회복이 더 빠르다고 칭찬해 주었고 마취가 풀렸는데 통증도 없었습니다. 3일째부터는 계단 오르내리기 5일째부터는 운동장에 나가 살살 걷다가 8일 만에 퇴원했지요.

퇴원하기 전에 이식받은 아가씨 병실로 찾아가 보니 건강한 모습이었어요.

신부전증 환자들은 물을 마음대로 마시고 소변을 마음대로 보는 것이 소원인데 그렇게 할 수 있어 얼마나 좋은지 모르겠다고 했어요.

아가씨 손을 꼭잡고 나는 먼저 퇴원하니 걱정말고 빨리 회복되어 나오라. 앞으로 딸처럼 여기겠다고 했더니, 자기가 아버지가 계시니 작은아버지라고 부르겠다고 했지요. 집에서 한 주일 더 쉬고 다시 직장에 나가 처음엔 살살 다음에 점점 빨리 걸으며 수술자리가 다 이물고부터는 달리기를 다시 시작했어요. 벌써 5년이 흘렀습니다.

지금까지 아무 탈없이 날아다니는 기분으로, 하루하루가 그저 고맙고 또 고마울뿐입니다.

2001년 1월 10일 《우리말 우리얼》제26호

노명환은 쉬지않고 사람들을 설득했다. 12명이 장기기증에 함께했다.

그는 장기기증운동에만 머물지 않고 더불어살기, 한국이웃사랑회가 펼치는 '사랑의 굶기' 운동으로 활동을 넓혀나갔다.

말로써 그치지 않고 아픈 이들이 희망을 품고 걸어갈 수 있는 길 열고자 묵묵히 땀 흘렸으니 노명환 그는 함석헌, 장기려, 이오덕 세 스승의 뀀을 받을만 하지 않은가.

그는 눈물이 많았다. 장기기증을 한 무렵부터 혼자 눈물 짓는 일이 더욱 많아졌다. 기쁘고, 노엽고, 슬프고, 즐거운 일 앞에 설 때마다 울었다. 그의 눈물은 마치 세상일을 비추는 거울 같았다.

세상에 가장 진실한 눈물

세상에서 가장 눈물이 많은 민족이 어느 민족일까. 잘 알 수는 없지만 우리 민족일 것이다. 왜 그럴까. 우리 민족은 한이 많고 정이 많아 그럴 것이다. 기뻐서 울고 슬퍼서 울고 억울해서 울고 괴로워서 울고 외로워서 울고 남북 이산가족이 반세기 동안 헤어져 살다 만나 운다.

지금도 수요일이면 어느 방송국에서는 '그 사람이 보고 싶다'에 이런저런 가슴 아픈 사연으로 헤어져 살다 30년 40년 만에 만나 서로 부둥켜안고 그동안 어디서 어떻게 살았느냐 얼마나 고생했느냐 왜 나만 버려두고 찾지 않았느냐고 울부짖는 것을 볼때마다 나도 그 사람들과 함께 많이도 울었다.

이런 눈물은 그 사람들이 오래도록 지닌 한을 생각하고 감동받아 운 것이지만 내가 가장 서럽게 운 기억은 내 할아버지 아버지 여동생이 세상을 떠났을 때도 아니고 내 나이 열일고여덟살 때 멀고도 험한 변산에 나무하러 갔다오다 넘어졌을 때였다.

일어설 힘도 없고 억울하고 서러워 하염없이 엉엉 울었다.

그 눈물이 가장 진실된 눈물이었다고 할순 없다. 왜? 원망과 억울함뿐이었으니까. 나보다 공부를 못한 동무들은 진학해서 상급학교에 다니는데 나는 우등으로 졸업하고도 이꼴이 무어람. 학교 갈 길은 영영 막혔단 말인가. 이런 생각으로 가득 찬 눈물이었다.

나는 이때부터 학교 다니는 5촌 6촌 책을 빌려 호롱불 아래서 밤새워 공부했지만 혼자 공부하는 일이 너무 힘들고 외로워 하모니카와 교습책을 사서 혼자 불었고 하모니카는 내 친구가 되었다.

공부하다 힘들면 마을 뒷산에 올라 가요며 가곡을 불러대는데 눈 온 뒤 달빛에 젖어 노래부를 땐 내 소리에 내가 미치고 내가 먼 나라에서 온 사람 같기도 했다. 한 번은 겨울에 떨면서 하모니카를 불며 슬피슬피 우는데 아랫마을 산주인 딸 여중생이 올라와 듣고 가더니 나중에 여고에 다니는 자기 언니를 데리고 온 일도 있었다.

내가 나이 들어 큰 수술을 받기 위해 병원에 입원해서 검사받을 때 두 번 운 일이 있었는데, 이때 눈물은 색다른 눈물이었다.

내 콩팥을 기증할 수 있는지 검사를 받는데 마지막 검사로 신동맥 초음파 검사를 받을 때였다. 다른 사람보다 시간이 길어지고 의사들이 고개를 갸웃거리며 옆방에 있는 다른 기계로도 찍어 보더니 신동맥에 이상이 있는 것 같다며 방사선전문병원에 가서 씨티(CT)사진을 찍어봐야겠다고 했다.

나도 몰래 눈물이 났다. 내 콩팥을 이식받기 위해 같이 입원한 아가씨가 얼마나 기뻐했던가. 부모들도 내 손을 잡고 고맙다고 몇 번이나 고개를 숙였다. 그런데 내 몸에 이상이 있어 이식을 받지 못하게 되면 그네들 실망이 얼마나 클까 생각하니 기가 막혀 울었다.

다행히 사진 결과 아무 이상이 없었다.

또 눈물이 났다. 이번에는 너무 기뻐서. '주여 감사합니다.'하고 엉엉 울었다. 수술은 성공.

위에 든 내 눈물보다 더 깨끗한 눈물을 얼마 전에 나는 보았다.

텔레비전에서 두 번이나 나온 산골 청년 행상이 이야기다. 앞 못 보는 늙은 아버지를 그림자처럼 따라다니며 보살펴드리고 혼자 날품을 팔아 살림을 어렵게 꾸려가는 행상이. 너무도 순박한 심청이 같은 효자 행상의 이야기가 방송에 나가자 감동 받은 사람들이 여러 가지 도움을 주었다.

어느 행상이 오토바이 사고로 잃은 앞니를 해주겠다는 치과의사도 보았고, 어느 라면공장에서 라면을 전해주는 장면엔 행상의 아버지 눈물을 보았다. 라면 열다섯 상자를 받은 행상의 아버지는 눈물을 연신 닦으며 "고맙습니다. 고맙습니다. 우리같이 불쌍한 사람을 살려주시니 그 은혜를 어떻게 갚아야 할까요?"했다. 행상과 그 아버지가 정말 순수하고 깨끗한 눈물로 나를 감동시켜 나도 같이 울었다.

부모를 버리거나 때리고 굶어죽게 하는 못된 사람도 있는데, 행상은 복을 받아 마땅한 천사같은 청년이다. 제발 세상 더러운 물에 물들지 말고 순수하게 살았으면 좋겠다. 눈물은 건강에도 좋다고 한다. 우리 모두 깨끗한 눈물로 마음을 씻어 보자.

2002년 5월 10일 《우리말 우리얼》 제33호

노명환이 흘리는 눈물과 흐느끼는 울음은 장기려 박사로부터 비롯된다. 장기려와 노명환은 더불어 함께 울었다. 그 울음은 주저앉아 절망하는 울음이 아니라 불의와 가난을 씻고 구렁텅이에 빠진 사람을 응원하자는 귀한 울음이었다. 더 우렁차게 울어 이 사회 구석진 곳에서 울지조차 못하는 사람들을 하나둘 불러내어 다같이 함께 소리내어 크게 울자는 울음이었다.

다섯 번째 울음

저는 글을 쓰는 사람이 아닙니다.

현실에서 느낀 바를 《부산모임》지에 몇 번 쓴 적이 있습니다. 그건 오직 장기려 박사님의 사랑이라 생각합니다. 무식한 사람 글도 받아주시는 사람이 아니면 어떻게 활자로 남길 수 있겠습니까?

크나큰 사랑을 받으면서도 아무런 보답도 해드리지 못하고 세월만 갑니다. 장 박사님의 건강이 여의치 못함을 알면서도 찾아뵙지 못했습니다. 1982년 《부산모임》지 송년호를 받아들고 한곳에 눈길이 머물렀습니다.

"나는 이 작품을 울면서 읽었다."

무슨 작품이기에 울었을까? 정신을 차리고 처음부터 다시 읽기 시작했습니다. 재운이가 울었습니다. 동무들도 울었습니다. 담임선생님도 울었습니다. 주중식 선생님도 울었습니다. 저도 울었습니다. 제가 다섯 번째 울음입니다.

어디 저뿐일까요?

저 말고도 다른 독자들도 있겠지요. 사람마다 운 까닭은 조금씩 다르다고 봅니다. 저는 우리 현실에서는 의심이 갑니다. 과연 도시 학교에서도 재운이 처지를 보고 같은 반 동무들과 담임선생님이 울었을까? 주중식 선생님은 작품을 읽으면서 여러 번 울었다고 하셨는데 본인이 직접 보고 겪었다니 그 눈물이야 참다운 눈물이라 봅니다.

그럼 저는 왜 울었을까요?

제 막내아들이 작년에 초등학교 3학년이었습니다. 시름시름 앓기 시작하더니 밤중에 눈동자가 이상하고 헛소리를 했습니다. 온몸이 불덩이 같았습니다. 아들 하나 버리는 것 같아 우리 내외는 뜬눈으로 기도했습니다.

다행히 새벽녘에 열이 좀 내렸습니다. 병원에 달려가 진찰을 받으니 뚜렷한 병명이 나오질 않습니다. 학교에 보내지 못하고 담임선생님께 연락했습니다. 열은 사흘째 되는 날 내려 겨우 학교에 보냈어요. 제자가 심한 열병으로 3일 동안이나 등교치 못하다가 갔는데도 선생님은 건강을 묻지도 않더랍니다.

하도 섭섭해서 아내에게 말했더니 담임선생님을 찾아보지도 않고 선물도 안하니까 그러지 않겠느냐고 말했습니다. 속으로 개탄했습니다. 과연 그럴 수가 있느냐. 오늘 교육 풍토가 왜 그리되었느냐. 그 책임이 누구에게 있느냐. 한탄했습니다.

막내는 공부도 뛰어난 편입니다. 담임선생님 무관심이 어디에 연유했는지 이해가 안 되는 일이 또 벌어집니다.

학교에 얼마 다니지 않아 또 열병이 재발했습니다. 열을 재보니 39.8도까지 올랐습니다. 옆집 아이 편에 담임선생님께 다시 연락했습니다. 저번에 특별한 병명이 없어 병원에 가지 않고 약국에 증상을 말하고 약을 먹였습니다. 지난번과 같이 3일간 학교에 나가지 못하다가 열이 내려 다시 학교에 보냈습니다. 두 번이나 선생님께 알렸는데 이번에도 아무 말이 없더랍니다.

재운이 때문에 교장 선생님께 꾸중을 듣고도 재운이 손발을 씻겨주시고 머리를 감기면서 눈물 흘리시는 담임선생님과 심한 열로 일주일 동안 등교치 못하다가 등교한 제자의 건강에 한마디 말도 없는 도시 학교 어느 선생님이 떠올라 눈물이 흐릅니다. 재운이 선생님이 너무 고마워서 저도 주중식 선생님처럼 자꾸 눈물이 흐릅니다.

재운아, 건강해라. 꿋꿋이 살아라.

사람은 외모로만 결정되지 않는다고 울면서 재운이를 응원해 봅니다.

1983년 2월 《부산모임》제90호

미국에서 펑펑 눈물 흘린 까닭

1995년 아들에 이어 콩팥을 기증한 것은 오직 순수한 뜻으로 내 몸 한 부분으로 한 사람을 살리겠다는 것 밖엔 아무런 바람도 없었고 기증 뒤에도 오직 이식받은 이가 건강하기만 기도해 왔는데, 나로서는 꿈에도 생각 못 한 일이 일어났다.

장기기증본부에서 자리를 마련하여 미국 여행을 가게 되었던 것이다.

첫날 여러 기증자 가운데 아들과 아버지가 함께 장기를 기증한 내가 먼저 이야기 하고, 또 부부가 함께 기증한 사람이 저마다 사연을 말했다.

장기를 준 사람뿐 아니라 이식받은 사람도 있었다.

만성신부전증으로 죽을 몸인데 이식받아 건강을 되찾았다며, 자기보다 마땅히 기증자가 와야 하는데 사정상 그분이 못 오게 되었다고 말끝을 흐렸다. 장기를 기증한 분은 셋방살이로 어렵게 살면서도 자기에게 신장을 주었다고, 그런 기증자를 조금이라도 돕고 싶어 말을 꺼내기라도하면 입도 뻥긋 못하게 하며 그런 소리를 하려면 다신 만나지도 말잔다고, 목이 메어 말끝을 맺지 못하다가 끝내 펑펑 울었다. 그 자리에 있던 우리 모두는 이심전심으로 함께 눈물 흘렸다.

그동안 말은 안했지만 본부장 박진탁 목사 부인도 1997년 남한테 알리지 않고 기증했다는 일화를 소개할 때는 모두가 크게 손뼉을 쳤다. 나는 '자기 몸을 나누고자 하는 기증자들 마음은 다 똑같구나'라고 느끼며 또 눈물을 흘렸다.

다음날 나이아가라 폭포를 둘러보았다.

천지창조물 가운데 이런 곳이 또 있을까! 폭포수가 떨어지며 울리는 지축을 흔드는 소리, 물보라, 물안개, 무지개 그 앞을 날다가 물 위에 앉아 있는 갈매기 떼. 어떻게 표현할 수 없는 사람들은 저마다 와! 야! 탄성만 질렀다. 저녁에 다시 가 본 폭포는 조명에 반사되어 더욱 아름답고 장엄한 풍경이었다.

나는 모른다. 이 엄청난 물이 어디서 와서 어디로 흘러가는지.

다만 사람들이 만들어서는 이 엄청난 장관을 이룰 수 없고 신만이 만들 수 있는 작품이란 것, 자연의 오묘함과 신비로움이 놀랍다는 것뿐이었다. 부러웠다. 이런 폭포가 우리나라에 한 군데만이라도 있었다면 오늘날 우리가 맞닥뜨린 IMF시대 나라 살림에 보탬이 되었을 텐데.

라스베가스 가는 길에 후버댐을 구경했다.

댐은 세계7대 불가사의 가운데 하나로 1931년에 공사를 시작 1936년에 완공했다. 20세기 미국 대공황 때였다. 콜로라도강 홍수를 막고자 세계최대 인공호수를 만들고 낙차식 수력발전이 아닌 수압식 발전기로 당시 세계 최대 발전량인 135만kw 전기를 생산했다. 이 댐 덕택에 사막 한가운데 라스베가스라는 도시도 생겨났다.

후버댐은 금세기 최고의 기적이라 일컫는다지만, 그 바닥에는 수많은 노동자들 피땀이 서려 있다. 댐을 조금 지나면 1.7km 터널이 나오는데 다이너마이트를 쓰지 않고 노동자들이 4년 동안 손만을 써서 만들었다. 긴 터널벽에 인공호수 쪽으로 창문을 내 차를 타고 천천히 지나오면서 밖을 볼 수 있도록 했다.

라스베가스는 동부에서 서부로 록키 산맥을 넘으면 허허벌판 한가운데 나타나는 작은 도시다. 이 도시는 후버댐을 건설하는 노동자를 위해 사막 한복판에 만들었다. 황량한 모래벌판에서 마음 붙일 곳 없는 노동자들이 얼마동안 일하다 떠나므로 그들을 잡아두고자 만들었다. 환락과 도박으로 노동자들 무료함을 달래고 혼을 빼앗고자.

지금 라스베가스는 밤에 네온사인이 휘황찬란하고 카지노와 쇼로 관광객을 유혹하고 호주머니를 턴다. 가이드 말에 따르면 호텔방도 손님이 편히 머물기보다는 밖으로 나가고 싶도록 만들었다고 한다.

나는 20달러를 주고 일부러 시내 밤 구성하고, 50달러짜리 호텔 초호화 쇼는 보기 싫어, 혼자 택시 타고 호텔로 돌아왔다. 씻고 여행기나 정리하고 일찍 잠자리에 들었다. 내가 가장 싫어하는 것이 도박이다.

옆에 가기도 싫고 전자 쇼로 사람들 혼을 몽롱하게 만드는 불빛에 내 마음을 빼앗기기 싫었다.

미국의 힘은 어디서 나왔을까?

나는 떠나기 전부터 이것이 알고 싶었다. 그 힘은 법질서에서 나온 것으로 보인다. 12박 13일 동안 뉴욕 LA 4개주를 넘나들며 보니 교통질서를 아주 잘 지키고 도로망이 잘 짜여 있다. 다니는 동안 교통사고 차를 보지 못했고, 횡단보도 정지선을 지키지 않는 차 한 대 보지 못했다. 경적도 울리지 않았고.

LA관광 때 본 공동묘지도 예사롭지 않았다.

미국 묘지는 우리나라와는 달리 봉분이 없었고 그 위에 비석을 세우고 잔디와 나무를 심어 공원처럼 만들었다. 주택 옆에도 공동묘지를 볼 수 있는데 멀리서 보면 푸른 목장으로 보였다. 비석도 세우지 않고 평평한 머리 쪽에 철판이나 돌판만 놓여 있었다. 그 위에 태어난 해 죽은 해 그리고 이름을 새겼을 뿐이다. 겨우 관 하나 들어갈 자리만 차지한다.

땅이 넓은 미국도 이러한데 우리나라는 묘지가 너무 넓다.

장기기증운동본부에서 아직은 계획 단계에 있지만 ,시신 기증자들 묘지를 공원처럼 만들고자 한다. 푸른초장에 기증자 이름으로 나무 심고 끝낸다.

미국의 어두운 면도 봤다.

이번 여행에서 둘러보고 싶었던 것 가운데 하나이다.

사람이 많이 모여 사는 도시, 그것도 여러 민족이 함께 사는 도시라서 그런지 뉴욕 거리나 LA거리에 쓰레기가 널려있다.

또 미국인 50퍼센트 이상이 병자인 걸 알고 깜짝 놀랐다.

내가 병자라고 단정 지은 것은 '뚱보(비만)가 병'이라고 미국학회에서 발표했기 때문이다. 그들은 몸을 주체하지 못하는 것처럼 보이면서도 끊임

없이 기름진 음식을 먹고 있었다.

기름진 음식을 먹고 운동을 안 하면 뚱보가 될 수밖에 없다. 얼마나 뚱보인지 다리 하나 크기가 보통사람 몸통보다 크다. 그 큰 사람을 보고 놀라 몰래 사진을 찍기도 했다. 지구 한 편에서는 굶주림으로 죽어가고 있는데, 한편에서는 너무 먹어 병들어가고 있으니 미국이란 나라 모순이 이만저만이 아니었다.

1998년 6월 《씨올마당》제22호

그는 콩팥을 기증한 뒤 더욱 몸을 가꾸었다.

장기를 떼어냈으니 스스로 몸에 대한 걱정도 있었고, 건강한 몸이라야 깨끗한 마음이 깃든다는 평소 생각도 한몫했다.

스스로를 '건강지킴이', '건강전도사'로 말하며 만나는 사람마다 신바람 나게 운동할 것을 권했다. 미국여행을 한 뒤로는 사람들 체형이나 개인 운동에도 관심을 갖게 되었다.

텔레비전이나 신문에 건강 관련 방송이나 기사가 나오면 놓치지 않고 적바림하거나 오려두었다. 의학이나 몸을 연구한 전문가가 아니어서 더 철저히 배우고 몸으로 실험에 옮겼다. 동작을 따라하고, 시간을 재고, 운동하고 난 뒤 몸이 불편한 곳은 없는 지 살피고 적어두었다.

그 열매가 '신바람체조'로 맺은 것이다.

씨올 여러분 안녕하십니까?

우리가 전화할 때나 만나서 먼저 하는 말이 "건강하시죠?"란 인사 아닙니까. 뭐니 뭐니 해도 건강이 첫째입니다. 정신건강까지 포함해서요. 내가 처음 건강 운동을 시작한 것이 1968년입니다.

53년째인데 운동을 시작한 아픈 사연이 있어요.

고향 부안에 있는 교회 부흥회에서 내 아내가 정신을 잃었습니다. 잘못된 부흥회 때문에 그리되었지요. 그때 큰아들이 15개월 된 아기였는데 하늘이 무너지는 것 같았습니다. 나라도 건강해야 아내 돌보고 아이 키울 수 있겠다 싶어 교회 뒷산에 올라가 눈물로 기도하고 그때부터 맨손 체조를 시작했지요.

아내는 병원에서 두 달 만에 정신을 차려 돌아왔고, 그때부터 나는 더욱 건강에 매달렸습니다. 체조만 한 게 아니고 건강 책을 사보고 텔레비전에서 건강 강사가 하는 요가, 마사지, 지압, 기공 따위를 따라 하며 쉬운 것만 골라서 내 것으로 만들었습니다.

아침 5시에 일어나 물 한 컵 마시고 앉아서 하는 운동– 서서 하는 운동– 마루에 누워서 하는 운동 차례로 했습니다. 이름도 지었지요. '신바람 체조'라고.

이 신바람 체조로 나는 일흔다섯 살까지 몸 어느 곳도 아프지 않고 건강전도사로 소문이 나서 제주 서귀포시청 초청까지 받아 350명 앞에서 신바람 운동을 보여주기도 했습니다. 그밖에 씨올모임, 장기기증본부 행사, 여러 교회에서도 훨훨 날 듯이 신바람 체조를 알리고 다녔는데 '원숭이도 나무에서 떨어진다.'고 이게 웬일입니까. 대장암에 걸리고 말았습니다.

혼자 가만히 생각했습니다.

왜 암이 내 몸에 왔을까. 1991년 내 여동생과 남동생이 62세란 나이로 모두 하늘나라로 갔습니다. 2011년에는 서른 살 먹은 막내아들이 교통사고로 갑자기 세상을 떠났습니다. 내 손발과 같은 아들과 동생들이 곁을 떠나자 막막한 벌판에 홀로 남은 것 같았습니다.

그렇지 않아도 술을 좋아하던 나는 술로 나날을 이어갔습니다.

아픔을 술로 달래다가 몹쓸 병이 찾아 온 것 같습니다. 다행히 수술받고 5년 만에 완치 판정을 받았지요. 어느 때는 막내 아들이 내 병을 예견하고 내 치료를 준비하고자 세상을 먼저 떠난 건 아닐까 쓸데없는 생각에 빠질 때가 있습니다. 막내 사고보상금으로 대장암 수술치료비를 댈수 있었으니까요.

내 불행은 여기서 끝나지 않습니다.

서울 기상대가 생기고 가장 기온이 높았다는 2018년 40도 가까운 날씨에도 하루도 쉬지 않고 산에 다니다가 갑자기 어깨 목덜미 허벅지 무릎 통증으로 말미암아 일어서기는커녕 꼼짝도 못 해 입원한 일이 있었습니다. 말로만 듣던 '무서운 류마티스'였습니다. 80이 넘은 나이에 너무 무리하게 산에 다닌 게 화를 불러온 것입니다.

6개월 만에 고쳤습니다. 내가 이렇게 큰 병을 자랑처럼 알리는 것은 아무리 건강해도 무리하면 안 된다는 것과 병에 걸려도 운동을 꾸준히 하면 완치할 수 있다는 이야기를 말하고 싶어서입니다.

2019년 《씨올의 소리》 9·10 호

노명환은 체조에 매달리기 전에 달리기를 즐겼다.

지금도 달리기만큼 좋은 운동이 없다고 믿는 그다. 달리기를 할 수 있는 사람은 달리기로, 체조가 몸에 맞으면 체조를 권한다. 운동은 체질이나 체형이 맞는다고 다가 아니고 그가 처한 살림살이와도 잘 어울려야 한다고 믿는다.

처음 달리기를 시작한 것도 달리기를 할 수밖에 없었던 그만의 형편이 있었다.

달리며 생각하며

맑고 푸른 하늘, 운동하기 좋은 아주 좋은 가을입니다.

지난 호에 소개한 건강 체조 어렵지는 않았는지요? 이번에는 제가 아침마다 하고있는 건강 달리기에 대해 말씀드리겠습니다.

제가 달리기를 시작한 지도 어언 10년이 되는데 지금까지 일요일 빼고― 한동안은 일요일도 달렸습니다만 ―눈이오나 비가오나 바람이 부나 하루도 빼지 않고 달렸으니 어디 얼마나 달렸는지 셈해 볼까요?

1년 365일에서 55일 빼면 310일. 310일×하루 8km×10년 = 2,480km가 되죠. 앞으로 85세까지 20년 더 달릴 자신이 있으니 1년 2,480km×30년 = 7,440km, 18,600리다. 한반도 이끝에서 저끝까지 여섯 번을 달리고도 600리를 더 달리는 셈이지요.

왜 이런 셈을 했느냐면 달리기가 너무 좋아 앞으로도 뛸 수 있을 때까지 줄곧 뛰겠다는 것이고 살빼기에 무슨 운동 무슨 운동이 좋다고 하지만 달리기보다 좋은 운동은 없기 때문이지요.

물론 지난 호에 소개한 건강 체조도 준비운동과 마무리 운동으로 꼭 해야 하고 여러 병 치료와 예방에 좋지만 달리기를 함께 하면 더 좋다는 것이지요. 걷기운동도 좋지만 천천히 걸어서는 운동효과가 없고 빨리 걸어야 하는데 사실은 빨리 걷는 것이 적당히 뛰는 것보다 힘들다는 것을 알아야 합니다. 달리기는 발 관절과 몸으로 용수철 효과를 내기 때문이지요.

처음 달리기를 시작한 까닭은 마라톤 선수가 되어 남을 이기려고 한 것은 아니고 막내아들이 내 출퇴근용 자전거를 밤에 타고 나가 잃어버려서, 달리기로 출퇴근하고 건강도 다지자고 생각해서 지금에 이르렀지요. 회사 오고가는 길이 8km. 자꾸 달리다 보니 점점 힘이 생겨 내가 얼마나 달릴 수 있을까 시험해 보고 싶어 북한산, 수락산, 불암산에도 오르고 마라톤 대회도 나가고 20km 달리기대회도 나가보았습니다.

그런데 아무래도 여러 사람과 함께 달리다 보면 앞서가고픈 욕망이 생기고 그러다 보면 무리가 되더군요. 그래서 이젠 다 그만두고 오직 아침저녁으로 출퇴근할 때 건강달리기만 하고 있지요.

처음 시작할 때는 요령도 모르고 달렸어요. 운동화도 아주 가볍고 탄력 있으며 발보다 조금 큰 것을 신어야 하는데 맞지 않은 걸 신고 달렸으니, 발목과 장단지가 아파 그만둘까도 했어요.

그때가 봄이라 앞산과 뒷산에서 뻐꾸기가 울고 있었는데 그 소리가 마치 나한테 '힘내. 뻐꾹. 힘내, 뻐꾹'하는 소리로 들려 거기 맞춰 발걸음을 옮겼지요. 뻐꾸기가 혼자 울 땐 좀 천천히 뛰고, 두 마리가 바꿔 울면 마치 '이 산에서 뻐꾹, 저 산에서 쑥꾹'하는 노래처럼 들려서 좀 빨리 뛰다 보니 나도 모르게 힘이 났어요. 달리기에도 자기최면이나 암시가 좋다는 걸 알았지요.

여름 삼복더위 7월 말에서 8월 초에 쨍쨍 내려쬐는 햇빛 탓에 엄청 덥지요. 기온은 30℃를 웃돌고 그래서 많은 사람은 산으로 바다로 더위를 식히러 갑니다. 이때도 나는 더위와 당당히 맞서 앞으로 앞으로 달려갑니다.

갑자기 소나기구름이 몰려와 소나기가 퍼부어도 그 속을 달립니다. 빗속을 달리는 기분은 경험해 보지 않고는 모르지요.

한더위에 천천히 걷는 것과 달리는 것 어느 것이 더 더울까요?

얼른 생각하면 달리는 것이 더 덥겠다싶지만 아닙니다. 달리고 나면 얼굴을 스치는 바람 때문에 오히려 시원해져서 달리는 것이 더 낫고 끝난 뒤 찬물 목욕으로 몸을 식히는 것이 좋습니다.

여름 가고 가을이 되면 코스모스가 길가에 활찍 피어 흰색 빨강 분홍이 어우러지지요. 마치 예쁜 아가씨들이 곱게 한복을 차려입고 "아저씨 힘내세요."하며 손을 흔들어 주는 듯 한들거립니다. 이때 나도 웃으며 손을 흔들어 주며 기분좋게 달려갑니다.

가을 가고 겨울이 되어 눈이 나리고 추우면 사람들은 춥다고 움츠리며 떨고 다니는데 나는 이른 아침에 아무도 밟지 않은 눈길을 달립니다.

발밑에 눈도 인사를 합니다. 뽀드득 뽀드득 사각사각... .그럼 나는 거기 박자를 맞추어 달려갑니다. 때로는 눈송이가 앞을 가릴 때도 있고 전깃줄이 바람에 쌩쌩 울 때도 있지만 그래도 나는 즐겁기만 합니다.

내가 건강해 추위와 눈보라 속에서도 달릴 수 있으니 또 자연을 동무 삼아 달려나가니 행복합니다.

이처럼 계절 따라 다른 느낌으로 달리기를 하지만 언덕을 오를 때는 힘이 들고 숨이 찹니다. 그래서 여기서도 자신에게 암시를 하지요. 지구가 도는 건 사실이니까 달려가는 내 뒤에서 앞으로 돈다 생각하고 달리면 언덕이 평지처럼 보이고 쉽게 달릴 수 있지요.

이제까지는 생각으로 느낌으로 달리기한 체험이고 다음은 좀 다른 이야기입니다.

한번은 길가에 심어 놓은 은행나무 옆을 달리는데, "아저씨 살려주세요, 목이 졸려요." 소리치는 듯해 나무를 자세히 보니 심은 지 몇 년 지나 뿌리가 자리잡아 지주대와 철사를 끌러 주어야 하는 은행나무인데 그대로 두어 철사가 나무를 조여 나무마다 목을 매어 놓은 듯했어요.

"알았다. 조금만 기다려라. 내가 쉬는 날 끌러 줄게" 약속을 하고 다음 날 길 양쪽 수백 그루 나무 철사를 풀어주었어요. 그랬더니 나무들은 긴 숨을 내쉬며 "아저씨 고맙습니다." 하고 합창하는 것 같았지요.

그뒤 은행나무들이 잘 자라서 그 옆을 달려갈 때 깨끗한 산소를 보내주지요. 나 혼자 건강하고자 달리는 것이 아니고 자연과 벗삼아 그들과 도움을 주고 받으며 달리니 언제나 마음이 평안하고 건강합니다.

'무슨 운동이 좋다더라'하는 것만으로 그쳐서는 도움이 안 되고 또 하려고 마음 먹었을 때 바로 시작해야 합니다. 때는 이때입니다.

2000년 11월 10일 《우리말·우리얼》제25호

이렇게 좋아하는 달리기를 류마티스가 거둬갔다.

가만 앉아 있을 노명환일까? 그는 앉아서 하는 운동 다섯 가지, 서서하는 운동 열한 가지를 만들어 달리기만큼 신바람 내자고 '신바람체조'라 이름붙였다. 몸 동작은 모두 55가지나 된다. 머리끝에서 손발 끝까지 온몸을 눌러주고 주무르고 비벼주고 흔들어 주는 손놀림이 2천 번도 넘는다. 보통 사람은 따라하기 힘들고 시간 내기도 어려웠다.

그는 동작 가운데 비슷한 것은 합치고 꼭 필요한 몸짓만 골라 냈다. 신바람 체조를 보고 저마다 더 나은 체조를 만들 것을 제안한다. 아무리 좋은 운동이나 아무리 그럴싸한 이론도 몸이라는 그릇에 제대로 담을 때만 쓰임새가 살아난다.

신바람 체조를 알려드리죠.

앉아서 하는 운동입니다.

1번은 옆구리 운동입니다.
똑바로 앉아서 엄지손가락은 앞으로 나머지 네 손가락은 뒤로 한 채(엄지척 모양) 두 손을 골반 위 옆구리를 서른여섯 번 눌러줍니다.

2번은 허리 운동입니다.
두 손은 주먹을 쥔 채 엄지만 뻗어 등뼈에다 대고 누르면서 허리를 앞뒤로 서른여섯 번 굽혔다 폈다 합니다.

3번은 뒷머리 운동입니다.
두 손을 깍지 끼고 뒷머리에 대고 위아래로 문지르며 이빨 마주치기를 서른여섯 번합니다. 깍지를 풀고 뒷머리 움푹 들어간 곳을 네 손가락 끝으로 누르며 이빨 마주치기를 스무 번 합니다. 머리를 맑고 이를 튼튼하게 만듭니다.

4번은 배 운동입니다.

두 손바닥을 배에 대지 말고 배꼽 위를 돌리며 눈을 감고 "배야 들어가라. 배야 들어가라. 얼씨구 절씨구 잘도 들어간다"말하면 나온 배가 등쪽으로 들어가는 것을 느낄수 있습니다.

5번은 숨쉬기 운동입니다.

수를 세지 말고 마음이 가라앉을 때까지 몇 번이고 깊고도 길게 숨을 쉬면서 아침 정기를 받자. 사랑하는 식구나 친구, 존경하는 분 가운데 몸져누워 있는 사람이 있다면 그 분한테 기를 보내준다는 마음으로 숨을 단전(배꼽 바로 아래)에 모아 발끝까지 내려보냈다가 다시 등으로 올려 머리를 한 바퀴 돌아 길게 내쉬면 됩니다.

이 숨쉬기 운동이 얼마나 효과가 큰지 '산과 나눈 이야기 3권'에 다음과 같은 말이 나옵니다.

"네가 나더러 도구를 달라고 하니, 내가 그것을 주겠노라.
숨쉬기, 이건 또 다른 도구다. 깊고 길게 숨을 쉬고 느리고 부드럽게
숨을 쉬어라. 에너지로 가득하고 사랑으로 가득한 삶, 그 삶의
부드럽고 달콤한 무(없음)를 숨 쉬어라. 너희가 쉬는 숨은 신의
사랑이니, 깊이 숨 쉬어라. 그것을 느낄 수 있도록 아주 깊이
숨 쉬어라. 그 사랑이 너희를 울게 하리니, 기쁨에 겨워 울게 하리니."

좀 긴 이야기를 옮긴 것은 나는 이 책을 읽기 수십 년 전부터 이 운동을 해왔기 때문입니다. 숨쉬기에 깊이 들어가면 산을 만날 수 있고 이웃까지 사랑할 수 있다니 얼마나 좋은 일인가요.

다음은 서서 하는 운동입니다.

1번은 팔 운동입니다.
두 팔을 어깨보다 조금 더 벌리고 서서 두 팔을 앞에서 뒤로 뒤에서 앞으로 세 번씩 돌리고, 두 팔을 앞으로 모아 왼쪽으로 세 번, 오른쪽으로 세 번 돌립니다. 이때 고개는 팔과 반대쪽으로 돌립니다.

2번은 목 운동입니다.
두 손을 옆구리에 대고 고개를 앞으로 뒤로 하고, 왼쪽에서 오른쪽으로 동그라미를 그리며 한 바퀴 돌려줍니다.

3번은 등배운동입니다.

두 팔을 벌린 채 허리를 굽혀 손끝이 땅에 닿도록 하고, 두 손으로 옆구리를 받쳐주며 만세 부르듯 뒤로 한 번 제칩니다.

4번은 옆구리 운동입니다.

오른팔을 왼쪽으로 허리와 함께 굽힙니다. 왼팔은 오른쪽으로 각각 한 번씩 합니다.

5번은 발 운동입니다.

발을 모으고 팔을 머리 높이로 쭉 펴서 발끝으로 찹니다. 옆차기도 합니다. 오른발 왼발 모두 한 번씩 하는데 오른발로 오른손을 왼발로 왼손을 찹니다.

6번은 가슴 운동입니다.

두 발은 어깨만큼 벌리고 두 손을 가슴 가운데 모았다가 기합을 넣으며 양옆으로 힘차게 뻗습니다. 세 번 한 다음 두 팔을 벌리고 있다가 오른손을 주먹 쥐고 주먹 안쪽으로 왼손 겨드랑이 쪽을, 왼손 주먹으로는 오른손 겨드랑이 쪽을 번갈아 스무 번 칩니다. 고개도 함께 따라갑니다.

7번은 하늘 보기 운동입니다.

발 벌린 채 허리를 굽힙니다. 이때 오른손 끝이 왼발 끝을, 왼손은 뒤로 올리며 하늘을 봅니다. 왼손으로 바꿔 스무 번씩 합니다. 허리가 아프거나 염증이 있을 때는 쉬는 게 좋습니다.

8번은 허리 돌리기 운동입니다.

허리를 굽혔다가 일어서며 두손으로 왼쪽으로 오른쪽으로 동그라미를 한번씩 그립니다. 그다음 허리를 굽히고 두 손이 시계추처럼 왼쪽 오른쪽으로 허리를 돌립니다. 각각 네 번씩.

9번은 콩닥콩 운동입니다.

발을 모으고 엉덩이가 발뒤축에 닿도록 무릎을 구부린다. 두 손을 무릎에 얹고 방아를 찧듯 열여섯 번 합니다.

10번은 무릎운동입니다.

일어서서 발을 넓게 벌리고 왼족 오른쪽으로 힘차게 굽히고 폅니다. 다음 차렷자세에서 왼발 옆에 오른발을 돌려 오른발 등이 땅을 보도록 하고, 두 손아귀로 옆구리를 받쳐주며 허리를 뒤로 제칩니다. 왼발은 오른발 앞으로 해서 운동합니다.

11번은 기 운동입니다.

서서 하는 마지막 운동입니다. 이 운동은 마음과 몸을 함께 해야 하는데 두 손으로 땅의 기와 하늘의 기를 받아 건강이 안 좋은 이웃들 얼굴을 그리며 기를 보내는 것입니다.

2021년 5·6월 호 《씨올의 소리》

5 장

산을 받들며

산은 노명환에게 여러 얼굴을 한 이웃이었다.

무서운 모습이었다가도, 어느 때는 손을 내밀며 웃기도 하고, 또 어느 때는 지긋지긋한 얼굴로 마주보기도 했다. 어릴 때부터 지금껏 바뀌지 않은 한 가지는 산과 그는 늘 떨어지지 않고 서로의 곁에 있었다는 것. 산은 기쁨과 노여움과 슬픔과 즐거움을 안고 서있는 노명환 자신이었다.

한 많은 산오르기

이 글을 쓰기 위해 사전에서 등산을 찾아보니 '1. 등정 : 산 위 정상에 오름. 2. 등산가 : 등산을 잘하거나 즐기는 사람. 3. 등산객 : 운동 따위 목적으로 산에 오르는 사람'으로 나와 있는데, 이 세 가지 가운데 나에게 맞는 것은 하나도 없다.

나한테 등산은 제목처럼 '한 많은 산 오르기'이기 때문이다.

우리는 가끔 신문이나 방송에서 세계에서 몇 째 가는 무슨 산 등정, ○○산 정복 소식을 듣고 그 사람을 영웅처럼 알리는 것을 보고 '야! 대단하다'고는 하지만 반대로 ○○산을 ○○(이)가 오르다가 또는 내려오다가 눈덩이에 묻혀 죽었다는 소식을 듣고는 안타깝다는 생각도 한다.

나는 산을 정복했다는 말을 좋아하지 않는다.

거기 서 있는 그 산을 그대로 두지 않고 꼭 산꼭대기에 올라 자연을 이긴 거처럼 해야 하는지, 왜냐면 그 일이 생명을 걸고 죽으면서까지 해야 하는지.

세상에 생명보다 귀한 것이 어디 있는가.

자기는 좋아서 하다가 죽을 수도 있지만 딴 생명을 구하려다 죽은 소방관, 물속에 빠진 사람이나 철길에 떨어져 죽을 사람을 구하려다 죽은 사람과는 다른 죽음이기 때문이다.

내가 높은 산에 오르내린 때는 나이 17,8세 미처 다 크지도 못한 소년 때였다. 그 산은 내고향 변산, 지금 국립공원이다. 우리나라 지도를 보면 서해 쪽 군산 아래 토끼 다리처럼 나온 곳이 있는데, 이곳이 부안군에 딸린 변산반도다. 금강산에 외금강 내금강, 설악산에 외설악 내설악이 있듯이 변산도 외변산 내변산으로 나뉘고 8경이 유명하다.

외변산은 채석강(적벽강) 해수욕장이 유명하고 내변산은 낙조대에서 서해로 지는 해를 볼 수 있어 장관이고 월명암에서 달을 보고 직소폭포를 지나 내소사 개암사 우금암도 볼만하다.

바다와 평야도 끼고 있는 변산이 덜 알려진 건 호남선이 김제까지 와 목포로 가기 때문에 김제에서 버스로만 가야 하기 때문이었는데 몇 년 전부터는 조용하고 깨끗한 곳을 찾는 사람들이 변산을 많이 찾는다.

그럼 왜 나는 그처럼 좋은 내변산을 가리켜 한 많은 산이라 했는가 여기에는 깊은 사연이 있다.

지금은 이름 있는 산마다 오르는 사람으로 시장바닥처럼 요란하고 사람들은 건강을 위해 산을 찾지만 내가 어린 시절에는 변산에서 그런 사람들을 보지 못했고, 오직 삶을 위해 벌채하는 벌채꾼들, 나뭇꾼뿐이었다.

흉년에 톱과 낫으로 쭉쭉 곧게 뻗은 소나무를 잘라 겉껍질을 벗기고 생켜라는 속살을 벗겨 와 몇 번 우려내고 찧어 죽을 쑤어 먹고, 보리 속겨로 떡을 만들어 보릿고개를 넘기도 했다. 현미쌀이 좋을 것 같아도 너무 독해 못 먹는다.

동네에서 농사 많은 부자 말고는 중농 아래 수많은 사람들이 변산에 가 소나무 생켜를 벗겨와 그 때 수많은 소나무가 쓰러져 죽었다. 우리 동네에서 변산까지 가려면 네 개 면을 지나야 한다. 처음엔 낮은 산에서 나무를 해오다가 점점 멀리 몇 고개 넘어 산에까지 가야 했는데 아마 50리쯤 왕복을 했으니 100리는 되었으리라.

어린 나이에 빈 몸으로 다녀오기에도 힘든 산을 나뭇짐을 지고 오르내렸으니 얼마나 힘든 일이었던가. 무거운 짐이 어깨를 짓누르니 클 키도 못 컸다. 지금 내 키가 겨우 165cm밖에 안 된다.

그 먼 곳까지 가려면 새벽 서너 시에 잠을 깨 밥먹고 나서야 하는데 한 동네 동무들 여럿이 가야 하니 좀 늦은 동무 이름을 불러댄다. ○○야 빨리 나오지 않고 무엇하냐? 누구누구는 다 왔다. 어서 오라고 소리치면 한밤 고요함이 깨지고 개들은 짖어대고 새벽닭도 울어 댄다.

다 모여 도란도란 이야기를 나누며 가기도 하지만 어느때는 말없이 걷기만 하는데 저벅저벅 발소리만 들린다. 한참을 가다보면 논에서 울어대는 개골이 소리가 어찌도 그리 처량하게 들리는지 부엉이 소리는 또 어떻고!

어떤 사람들은 이 시간에 단잠을 자고 있는데 우리 동무들은 어제도 오늘도 나무지게를 지고 먼 산을 가야 하니 우리 신세가 얼마나 처량한가. 또 우리를 보낸 부모님 마음인들 오죽하겠는가.

날이 새 먼동이 터 산에 들어가면 온갖 산새들이 노래 부르고 맑은 산골물은 졸졸 흐르는 데 마음이 편치 않으니 오늘은 어느쪽으로 가 나무를 해 아무 탈없이 산을 내려올까 하는 생각이 앞서기 때문이다.

좋은 자리를 잡아 한 짐 해서 잘 꾸려 놓고 점심을 먹는데 비록 변변한 반찬은 아니고 쌀이 좀 섞인 보리밥이지만, 집에서는 죽도 못 먹는 흉년에, 그 맛이란 어디에 비길까?

먼 길을 가기 때문에 도시락도 두 곱을 싸 반만 먹고 산을 내려가 얼마쯤 가다가 또 먹어야 한다. 돌도 삭일 한창 나이에 산비탈을 누비며 나뭇짐을 지고 달려야 하니 얼마나 배가 고프겠는가.

천천히 걸어가면 더 지치니까 우리는 밥 먹고 일어나면 경쟁하듯 쉬는 곳까지 달렸다. 땔감은 처음에는 솔방울을 주워 가마니에 담아 왔고 다음은 매미껍질이라 불렸던 소나무 참나무 등걸(밑동)껍질을 벗겨 와 집에서 불무질해 땔감으로 썼다.

경상도에서도 불무라 했는지?

전라도에서는 어린 손주 두 손을 잡고 왼쪽 오른쪽으로 기우뚱거리며 "불무야 불무야 불무야 경상도 대불무 전라도는 쇠불무 핏대 핏대 잘한다."하고 박자를 맞춰주면 어린 아기는 신이 나 좋아하고 웃으며 더 발을 떼며 기우뚱거리는데 경상도에서도 그런 소리가 있었는지? 그리고 경상도에 옛날에 정말 대불무가 있었는지 궁금하다.

전라도에서는 궤짝처럼 생긴 나무 불무가 오래 전에 있었고 쇠불무가 있었다.

땔감으로 벌채하고 남은 나뭇가지를 낫이나 톱으로 다듬어 오고 힘센 사람들은 원목을 지고 와 장작을 만들어 장에 내다 팔고 땔감으로 썼다.

자, 여기까지는 연극으로 치면 제1막이다.

많은 사람들이 변산으로 나무를 다녔으니 이런 것만으로 '한 많은 변산'이 될 수는 없겠지.

그날따라 나는 좀 축축한 솔 껍질을 한 가마니 멜빵으로 만들어 지고 비탈길을 내려오는데 동무들은 밑에까지 다 내려갔고 비탈 중간쯤에서

옆 낭떠리로 발이 미끄러졌다. 간신히 잔 나뭇가지를 두 손으로 움켜잡고 "○○아, ○○아 빨리 올라와. 날 좀 구해주라. 나 지금 낭떠리에 매달려 있어."소리소리 질러 대니 땀으로 옷은 다 젖었고, 이제는 죽는구나하고 무서운 생각만 들었다.

원체 가팔라 동무들도 빨리 올라올 수 없는 길이라 나는 더욱 간절하게 불러댔다.

한참 뒤 올라온 동무들이 내 손을 잡고 멜빵끈을 당겨 올렸다.

그리고 내 짐을 대신 지고 내려갔다. 나는 동무들이 살려 준 것이 고맙고 이 어린 나이에 고생하는 것이 분해 뒤따라가면서 울었다. 코에선 코피가 흘러내렸다.

고생은 끝나지 않고 3막을 연다.

나뭇가지를 잘라 한짐 해서 지고 오다가 집을 2km 쯤 남기고 신작로에서 발이 꼬여 그만 짐을 진채로 엎어지고 말았다. 일어날 힘도 없고 너무 너무 슬퍼서 엎어진 채 한참 울고 있으니, 뒤에 오던 사람이 보고 일으켜 주었다.

겨우 집에 와서 그날 해 온 나무를 부려놓고 다시는 지게를 지지 않겠다고 죄없는 지게를 부숴버렸다. 그 뒤 충북에 계신 작은아버지 소개로 철광석 광산에 가 일하다가 박정희 정권 때 군대에 갔다.

이런 사연들로 변산은 '한 많은 산이다. 한많은 변산, 지금도 잘 있느냐.

2001년 7월 10일 《우리말 우리얼》제29호

노명환은 가난하고 어려운 언덕을 쉬지 않고 넘었다. 삶이 고단한 가운데서도 콩팥을 기증하고 이웃을 돌보았다. 웃음을 나누고 함께 울었다. 의로움을 잃지 않으려고 마음 졸이며 하루하루 걸었다. 겸손한 삶을 지키고자 세 스승을 따라 걸었다. 편히 한 번 쉴 틈없이 달려왔다. 그제야 그 높고도 험한 산이 곁을 내주었다. 마침내 웃어주었다.

　나는 양주시에 있는 해발 500m 도락산에 다닙니다.

　집에서 왕복 8km 조금 넘고 만보기로 16,500걸음이 나옵니다. 숲이 우거지고 가파르지 않고 위험하지 않는 흙길로 건강하게 운동하기 딱 좋은 산입니다.

　산에 다니기 전에는 17년 동안 마라톤을 했고 회사 다닐 때도 걸어 다녔습니다. 한겨울 영하 10도 아래로 떨어지는 강추위에도 반 팔 차림으로 다닙니다. 나를 본 분들이 추위를 타지 않는 비법이 있냐고 물어보는데 꾸준히 산을 다닌 결과 같습니다.

　산에 다닐 때 걷기만 하지 않습니다. 쉼터나 산길에 버려진 쓰레기 주워오기, 큰 빗물에 깎이고 산악오토바이에 파인 길 고치기, 큰바람에 떨어진 나뭇가지를 치우며 다닙니다.

　아무리 내가 날고 뛰는 산사람이라도 나이 86세요 큰 아픔을 두 번씩이나 겪은 몸이라 산은 힘듭니다. 그래서 조금이라도 쉽게 오를 비법 두 가지를 찾았습니다.

　오르막길 오를 때 꼭대기를 쳐다보지 않습니다.

　"아이고, 힘들어, 언제 다 오르냐?"고 생각하면 더 힘들어. 꼭대기를 보지 말고 발아래만 봅니다. 돌부리나 튀어나온 나무뿌리 걸리지 않으니 더 좋지요.

　주문을 외웁니다.

　지팡이 놀림에 맞춰 "편한 길 좋은 공기"라고 외우고 가면 어느새 꼭대기입니다. 내려갈 때는 "천천히 천천히 조심 조심"이라고 외우며 똑바로 내려가지 말고 지그재그로 내려갑니다.

　마지막으로 기도하는 마음으로 오르내립니다.

"하느님, 고맙습니다. 류마티스에 걸려 잘 서지도 못하던 내가 이 오르막길 내리막길을 오르고 내릴 수 있으니 기적입니다. 고맙습니다."

이런 기도 덕분인지, 주일 빼고 날마다 산에 다니며 건강합니다. 여러분께 조금이나마 도움이 되었으면 합니다.

산을 다니는 기쁨 가운데 하나는 만남이다.

경기도 양주로 이사 오면서 노명환 삶을 잡아주고 마음을 편안하게 해준 곳이 도락산이다. 나이를 가리지 않고 산에 오르는 이를 벗으로 사귀고 새와 다람쥐 자연을 다시 보게 된 곳도 도락산이다.

그는 세 스승 말고 가르침을 준 이를 더 꼽으라면 주저하지 않고 '산'이라고 말한다. 산이 품고 있는 다람쥐, 직박구리, 산오르는 사람들이 다 노명환이 받드는 스승이다. 도락산에서 그는 그보다 더 산을 사랑하고 산과 다름없이 사는 사람을 만난다.

도락산을 보살피는 시인 김오수

지루한 장마가 끝나고 입추가 지났는데도 40℃에 이르는 찜통더위가 기승을 부리는 짜증스런 날들이 이어지고 있습니다. 뭐 좀 시원한 얘기 없을까 생각하다 마침 칭찬하고 싶은 사람이 있어 글을 씁니다.

도락산에서 저와 자주 만나는 한 사람을 소개합니다.

이름 김오수. 나이 50대 초반. 시인으로 〈월간 현대문학〉문예지에 시를 연재하거나 편집장을 맡아 책을 만들기도 했습니다.

저는 월요일부터 금요일까지 거의 날마다 도락산을 오릅니다. 리치마트 쪽에서 봉우리까지 올라 집안 이야기, 세상이야기, 삶의 지혜 같은 것을 나누다 헤어져 가파른 통나무계단을 내려가 까치봉을 넘어 회천2동 주민 센터 쪽으로 내려오곤 하지요.

겨울이라 그런지 등산로가 많이 내린 눈과 비에 깎이고 파여 산을 자주 다니는 나도 넘어지고 다른 등산객도 자주 넘어지곤 했습니다.

그런데 그 길을 지난해 봄부터 지금껏 둘레 크고 작은 돌로 통나무 계단 깊이 파인 곳을 채워 등산객이 편히 다닐 수있도록 고쳐 놓은 분이 바로 김오수 시인입니다.

계단은 사이가 떨어져 나가 사람들이 넘어지거나 발을 다치기 쉽고 실제로 발을 헛디뎌 넘어지는 사람을 본 뒤 그는 혼자서 들기도 어려운 60kg 가까운 큰 돌을 굴려 와 계단을 만들었습니다. 그 일로 한동안 허리가 아파 고생했다고 합니다.

이곳뿐이 아닙니다.

까치봉을 오르내리는 길에도 깊이 파인 곳을 메우고 계단을 만들어 사람들이 편히 다닐 수 있도록 만들었습니다.

오르기 좋고 가까이 있는 도락산은 김오수 시인과는 달리 산악오토바이를 타고 사람들을 놀라게 하는 사람도 있고, 음식쓰레기와 담배꽁초를 버리는 사람, 목줄도 하지 않고 개를 데려오는 사람까지, 산길을 헤치고 이웃에 피해를 주는 사람이 훨씬 많은 실정입니다.

남양주 소식지인 〈함께 그린양주〉에 시인을 알립니다. 이런 분들이 더욱 많아져 언제나 웃으며 산을 찾을 수 있는 날이 오기를 빕니다.

노명환에게 산은 쉼터일뿐 아니라 일터이기도 하다.

마냥 놀다가 오는 것이 아니다. 함께 다니는 사람들과, 산에 사는 목숨붙이들과, 그는 쉬지 않고 일한다. 쉼과 일이 다르지 않다. 일이 있기 때문에 쉴 수 있고, 쉼이 있어서 일할 수 있다. 그래서 명환은 여든이 훨씬 넘은 나이지만 어딜가든 일손을 놓지 않는다.

일을하자 일하는 것이 어때서

옛날 조선시대만 해도 일하는 사람이 따로 있었다.

상인 종 농민 어민 산에서 일하는 산인. 그 시대가 지나고 산업이 발달되어 기계가 생기고 공장이 생기면서 그곳에서 일하는 노동자가 어느 일꾼보다 많아졌다.

옛날 양반들은 뒷짐지고 팔자걸음으로 일하는 사람들을 깔보고 마음대로 부려 먹었고 산업화 시대가 되자 재벌들이나 사업주들이 일하는 사람 안전보다 돈벌이에만 치우쳐 얼마나 많은 사람들이 다치고 죽어갔는가, 지금도 죽어가는가.

이뿐인가?

지금은 아파트 경비원에게 갑질해 스스로 목숨을 버리게 만들고 코로나로 힘들게 일하는 택배기사를 힘들게 하기도 한다. 나는 어느 글에서 이렇게 쓴 적이 있다.

'에덴동산에 꽃피고 먹음직스런 열매가 있어도 따먹지 못 하고, 이 것만 지키면 일하지 않고도 살 수 있는 곳으로 되어 있는데, 나는 하늘나라가 일하지 않고 놀고 먹는 곳이라면 안 가겠다'고.

일해야 배고파 밥도 맛있고 잠도 잘 오는 것 아닌가. 내가 일해야 다른 사람도 사는 것 아닌. 나는 가난한 집 맏아들로 태어나 어릴 때부터 많은 일을 해와 일이라면 지긋지긋할 때도 있었지만 그래도 내가 있어 병약한 아버지를 도왔고, 내 동생들을 먹여살렸다.

1986년 경기도로 이사해 가나섬유회사에서 17년 동안 힘든 일을 하면서 한집에서 3대가 함께 살았다. 손주녀석 재롱을 보면서 나는 행복했다.

그 힘든 일 하면서도 큰아들과 함께 장기기증도 했고 그 뒤로로도 건강하게 회사 다니다 퇴직했다. 자리는 물러났지만 일은 놓지 않았다. 무슨 일을 할까 생각하다 산에 다니자 산에서도 무슨 일이 있겠지 하며 다닌다. 올해로 12년 째 다니고 있는데 영하 10도로 떨어지는 매서운 추위에도 반팔 셔츠 차림으로 다니며 쉼터나 길에 버려진 쓰레기를 보이는 대로 주어오고 파이고 깎인 길을 메우고 큰 바람에 떨어진 나뭇가지를 치운다. 날마다 다니며 정해 놓은 내 쉼터에서 《작은책》《우리말우리얼》《씨을의 소리》를 읽는다.

　어느새 나를 알아보는 팬들도 많다. 어떤 일이든지 일을 하자.
　일을하자.
　나이와 상관없이 몸이 움직일 수 있을 때까지 일을 하자. 일이 어때서.

　　　　　　　　　　　　　　　　　　　《작은책》에 보낸 원고

6장

말을 바루며

노명환이 우리말에 눈뜬 건 이오덕 선생과 주고받은 편지글 덕이다.

쉽고 아름다운 우리말글이야말로 거짓된 삶을 들추어내고 삿된 것을 물리치는 참말이다. 그 말을 이오덕 선생을 만나고서야 알게 되었다.

둘은 가깝지만 함부로 다가가 서로를 허물지 않고, 떨어져 있지만 따뜻한 눈길 거두지 않는, 숲속 나무들처럼 무심한 듯 웅숭깊은 시간을 함께 보낸다.

이오덕 선생님께

회보 제8호 받아 공부 많이 했습니다.

선생님 글 〈쌀 개방과 말 개방〉 둘째줄에 '숙지근해졌다'를 '숙지조…'로 읽고 너무 어려운 말이라 국어사전을 보니 '숙지조'는 없고 '숙지다: 어떤 현상이나 기세 따위가 차차 줄어들다'가 있고, 자세히 보니 '숙지근-하다; 불꽃같이 맹렬하던 형세가 줄어져 간다'도 있어요.

'숙지근'이 우리말이긴 하나 저는 처음 보는 어려운 단어이고 이걸 아는 사람이 얼마나 될까 생각했고요. 〈표주박 통신〉 쉬운 우리말로 풀어주셔서 고맙습니다. 김 교수님과는 의논하지 않고 보냈으나 그 분 인품으로 보아 이해해 주리라 믿어요. 〈표주박 통신〉에 계속 비판하는 글을 보내달라 했으니까요.

그리고 선생님께 소쩍새가 가을에도 우는가 모르겠다고 하셨는데, 저도 늦봄부터 여름 동안 우는걸로 알고 사전을 보니 '소쩍-새: 두견이, 뻐꾸기와 비슷한 새. 5월에 건너와서 8~9월에 건너 가는데... . 여름에 밤낮으로 처량하게 운다' 했어요.

5월에 와서 8~9월에 간다고 해놓고 여름 6~8월, 가을 9~11월, 겨울 12~2월로 보면 여름에만 우는 새가 아니고 늦봄부터 초가을까지 울다 간다고 보아야되겠지요.

회보 제5호와 7호 회비 받은 곳을 보니 김조년 교수님과 김남식 선생님 이름이 보여 얼마나 반가웠는지 모르겠어요. 두 분 다 제가 회보를 드렸고 우리말 살리는 모임 소개를 했으니까요. 글쓰는 다른 분들에게도 우리말 연구소 주소를 꼭 보냅니다.

동아일보 독자란에 다음과 같은 글을 쓴 분이 있었어요.

'K-TV〈외국어자막〉못마땅'이란 제목으로. 〈그린 (녹색)정신〉... . 우리의 고운 말을 어디에 두고 외국말을 앞세울까. 어째서 모두가 알수 있고 그 느낌까지 선명한 '녹색'이란 낱말은 괄호 속에 들어가야 했을까.... .

7년을 그렇게 지내고 다 자란 아이들을 데리고 귀국했을 때 나는 내 나라의 모습에 또 다시 당혹스럽고 또 다른 상처를 받았다. 외국에서 힘들게 우리 말을 익힌 아이들이"엄마, 우리나라 사람들은 우리 말을 좋아하지 않나 봐요. 왜 거리의 많은 간판들과 상품들이 온통 영어와 불어에요?"라고 물었을 때 어떻게 대답할지 몰랐다....'

이 글을 읽고 너무 고마워 글 가운데 몇 곳을 지적해서 편지 했더니 답장을 주어 우리말 살리는 모임 회원이 된 걸 보람으로 생각했어요.

이 선생님, 〈시사저널〉제223호 보셨는지요? 거기 보면 서울대와 포항공대를 동시 합격한 이승준 군과 기자가 묻고 대답한 것이 있어요.

문: 지금까지 읽은 책 가운데서 이군이 가장 큰 충격으로 받아들인 책 한 권을 들라면 무슨 책을 들겠습니까?

답: 이오덕 선생님이 쓰신 《우리글 바로쓰기》입니다. 중학교 때부터 지금까지 읽고 있어요. 저는 이 책을 읽고 많은 걸 배웠고 많은 걸 생각했습니다. 우리말 속에 얼마나 많은 일본어, 일본어식 표현, 일본어식 구문이 들어와 있는지 알고 깜짝 놀랐어요. 전혀 그러리라고는 짐작도 못했지요. 그런데 학교에서 배우는 글과 이오덕 선생님이 좋다고 하시는 글이 너무나 달라서 혼란스러웠습니다.

문: 이오덕 선생님은 한자 쓰는 걸 싫어하시는데, 이군은 우리가 좀 고생스럽더라도 한문을 배워두는게 여러모로 좋을 것이라고 생각하지 않습니까?

답: 저는 그렇게 생각하지 않아요. 한문보다 국어를 열심히 공부하는게 옳다고 생각해요. 우리가 영어를 잘하려면 세상을 바라보는 관찰법이나 거기에 관해 생각하는 방법까지 영어식으로 전환해야 하는데, 한문 공부를 하다 보면 역시 한문식으로 생각하게 돼서 우리들의 머릿속 자체가 한문식으로 바뀔거에요. 저는 우리말 식으로 세상을 바라보고 생각하는 태도가 옳다고 생각합니다.

공부만 잘 하는 학생이 아니라 생각도 어른보다 더 깨끗해서 옮겨 본 것입니다.

선생님, 입춘이 지났으나 기온 변화가 심해요. 건강하셔서 좋은 글 많이 써주세요.

1994. 2. 7
노명환 올림

노명환 선생님께

우리말을 살리기 위해 그처럼 많은 애를 써주셔서 늘 고맙게 생각하고 있습니다.

이번에 주신 편지에는 우리말에 관한 여러 가지 문제가 들어있기에 또 이런 자리에 적어서 함께 생각하기로 했으니 부디 용서해주시기 바랍니다.

먼저 '숙지근하다'는 말을 어려운 말이라고 하셨는데, 저는 어렸을 때 듣고 쓰던 말이어서 예사로 썼습니다. 경북뿐 아니고 다른 지방에서 이 말을 많이 써온 줄 압니다. '이걸 아는 사람이 얼마나 될까 생각했어요'하셨는데, 혹시 이런 어려운 말은 안쓰는 것이 좋겠다고 보신 것은 아닌지요?

다음은 소쩍새 이야기입니다.

소쩍새가 언제 우리나라에 왔다가 언제 가는지, 책을 찾아보면 적혀 있겠지만 우리가 소쩍새를 아는 것은 그 울음소리를 듣고 아는 것입니다. 제가 아는 소쩍새는 늦은 봄부터가 아니라 참꽃(진달래꽃)이 피고 살구꽃이 필 때면 밤마다 어김없이 울었습니다.

그런데 여름 밤에 소쩍새 울음소리를 들었던 기억은 안 납니다. 그래서 가을밤에 소쩍새 소리를 들었다는 것이 좀 이상했던 것입니다. 저는 그 소리를 실제로 들었는가 안 들었는가하는 것을 말한 것이고 책에 적혀있는 소쩍새의 생태를 말한 것은 아닙니다.

지금 사전을 찾아보니 사전마다 조금씩 다르게 적혀 있군요. 그리고 소쩍새는 두견새와 다르다는 것이 이승우 씨의 주장 이후 널리 알려진 줄 압니다.

선생님이 책으로 알아보신 것만 가지고도 소쩍새 울음소리를 가을 밤에 들을 수 있을까 하는 의심은 더욱 더해지는 것을 어찌할 수 없습니다.

〈동아일보〉독자란에 나왔던 그 글은 저도 읽었습니다. 그분이 우리 회원이 된 줄은 몰랐네요. 외국에 나가서 살던 동포들이 돌아오면 우리

나라 사람들이 얼마나 외국말 외국글을 좋아하는 병에 걸려 있는가 하는 것을 잘 알게 되는 모양입니다. 그 순진한 어린이 눈에 비친 조국과 겨레의 모습을 우리가 거울 속에 들여다 보는 추악한 우리 자신의 모습으로 깨닫지 못한다면 무슨 희망이 있겠습니까.

한 가지. 그 글에 나온 '녹색'이란 말에 대해서 적고 싶습니다.

'그린'을 '녹색'이라고 할 것이 아니라 '푸른' '푸른빛'이라고

해야 합니다. '그린'을 쓰고 싶어하는 사람이 '녹색'을 비판하지 못한 것은 당연하겠지요. '녹색운동'은 '푸른빛 운동'이나 '풀빛 운동'으로, '녹색혁명'은 '푸른혁명'이나 '푸른빛혁명'으로 하면 좋겠습니다.

말이 우리 것으로 살아 있어야 하는 일도 제대로 뿌리가 내려 잘 될 것입니다.

끝으로 이승준 군의 말은 누가 알려 주어서 그 책에서 읽었습니다. 아주 믿음직한 젊은이들이 이렇게 자라나고 있다는 것을 생각하니 절망하고 있던 저 자신이 부끄러웠습니다. 우리가 옳은 일을 열심히 하기만 하면 반드시 그 일이 바르게 살아가려는 많은 사람들의 가슴으로 전파되어, 비뚤어진 역사를 바른 길에 올려 놓을 수 있다는 것을 태산같이 믿게 합니다.

영어를 배우면 영어란 틀로 세상을 보고 생각하게 되고, 한문을 배우면 한문이란 틀에서 또 그렇게 보고 생각하게 되어 우리의 생각 자체가 한문식으로 바뀔 것이란 말은 얼마나 슬기로운 말입니까?

지난 날의 역사를 돌아보면 우리가 한문식으로 생각했고, 일본글 식으로 생각했고, 미국글 식으로 생각했기 때문에 온갖 비극이 일어나고, 나라가 찢겨지고, 외국세력에 짓밟혔던 것이 너무나 환합니다.

영어공부와 한문 공부로 나라 발전시키자는 말은 역사도 사회도 모르고 그래서 한 치 앞도 내다보지 못하는 얼마나 어리석고 답답한 말입니까? 이런 사람들이 경제고 교육이고를 멋대로 이끌어갈 때 우리가 살아날 길은 없습니다. 그리고 이제는 그 영어공부고 한문 공부고 일본말 공

부를 새로 별나게 하지 않더라도 벌써 우리들 생각과 감정은 영어꼴로 일본말 꼴로 한문꼴로 되어 있습니다. 우리 말과 글이 그렇게 병들어 있는 것이지요. 말과 글을 살리는 일을 목숨을 걸고서라도 해야 하는 까닭이 이러합니다.

책을 많이 보면 책 속에 빠져 그 생각이 이상하게 된다고 걱정했는데, 반드시 그렇지도 않다는 것을 이승준 군의 경우로 알게 되었습니다. 그리고 제가 쓴 책이 우리가 보는 모든 글과 책에서 입게 되는 해독을 풀어주는 노릇을 한다 싶으니 힘이 솟아납니다.

다만 제가 해야 할 일을 제대로 못하고 있어서 모든 독자들과 회원들게 미안할 뿐입니다.

선생님은 우리말 살리는 일을 그 어느 분보다 더 열심히 앞장서서 해주십니다. 너무 너무 고맙습니다. 기회를 만들어 한번 만나 뵙고 싶습니다. 언제까지나 건강하시기 바랍니다.

1994년 2월 10일
이오덕 드림

쉽고 바른 말을 쓰는 것은 옹골차게 나를 지키는 일이다.

이오덕 선생은 평생 그 일을 해왔고, 노명환은 그런 말에 눈떴다. 어렵고 꾸며낸 말이 아닌 삶속에서 건져올린 씨올 말을 퍼뜨리고지 함께 어울리고 같이 뛰었다.

씨올의 말과 글
−쉬운 우리말글로 우리 얼을 살려야 한다−

언젠가 나는 씨올 수련회에서 이런 말을 했다.

《씨올의 소리》에 글쓰는 이들이 대학교수만이어서는 안 되고 삶터 곳곳에서 일하며 살아가는 씨올들 글도 있어야 한다고. 《씨올의 소리》1973년 2월 호에 스물한 살 김옥섭이 쓴 '노동자가 본 예수' 스무 살 김선자가 쓴 '해고된 여공의 호소'란 글이 있다. 이네들 글처럼 많이 배우진 못했지만 꾸밈없고 삶에서 나온 글이 가슴에 와닿는다. 지식인들만 읽는 글이라면 씨올의 소리라 할 수 없다.

함석헌 선생님은 《뜻으로 본 한국역사》에서 우리 말에 대해 어떻게 쓰셨는지 옮겨 본다.

"'우리 민족의 이상'을 보면 '민족의 이상'이라고 했지만, 그러지 말고 우리말로 해봅시다. 이상이 뭐야요? 세워 내놓은 뜻이지. 알기 어려운 남의 말 혹은 옛날 말로 해서 젊은이들을 맴돌이질을 시켜놓고 지식을 비싸게 팔아먹고, 힘을 옴팡 쥐고 해먹으려는 생각에서 하니 어려운 말을 일부러 하지. 그렇지 않은 담에야 우리 말론들 못할 것이 어디 있어요? 아니오. 반드시 우리말로 해야 우리 것이 됩니다. 우리말로 옮기려 애쓰는 데서 남의 것을 참으로 알고 속에서 내것이 자라고 밝아집니다."

선생님은 이 글에서 우리 말을 살려 써야 겨레가 살고 글월(문화)이 살아난다고 했다.

"우리 말로는 할 수 없는 종교 철학 예술 학문이 있다면 아무리 훌륭해도 그만두시오. 그까짓 것 아니고도 살 수 있습니다. 우리 삶에서 글월이 돌아나오지 공작의 깃 같은 남의 글월 가져다 아무리 붙였다기로 그것이 우리 것이 될 까닭이 없습니다."

농촌에서 한 번도 흙을 만져보지 못하고 땀흘려 일 해보지 않은 사람이 공장에서 탄광에서 바다에서 한 번도 일하지 않은 사람이 어떻게 그들에게 참 삶을 말하면서 글을 쓴다고 할 수 있겠는가. 옛 중국 《사기》를 쓴 사마천이나 《박물지》를 쓴 장화란 사람도 양치기였다고 한다.

하기사 예수도 목수 아들로 한 때 일을 했지 왜 안했겠는가. 책상머리에서 머리로만 그리면 남의 책만 보니까 어떤 것이 우리말인지 아닌지도 모르고 함 선생님 말씀처럼 지식 자랑으로 어려운 말을 쓰는 것 아닌가.

다음은 철학자들의 잘못된 글버릇을 무섭게 꾸짖는 글이다.

"철학자들은 몇 사람만이 하는 학술용어를 쓰고 있습니다. 그것은 다 낡아빠진 씨올이 무엇인지 알지도 못하는 때에 사람을 업신여기던 봉건사상에서 나온 것입니다. 민족은 씨올이 스스로 제 생각을 하는 데서 시작입니다. 씨올의 말로 해야지..."

참으로 높고 깊은 말씀이다.
다음은 한문 좋아하는 사람들을 나무란 글이다.

"2천년이나 써 내려오는 한문 두고 모자라서 한글 지었습니까? 남의 공기 먹고 편히 사는 다스린다는 놈들에게야 모자랄 것 없겠지만 씨올에게는 그게 모자라는 것이 있었습니다. 그들에겐 한문 가지고는 도무지 시원히 알뜰히 그려 낼 수 없는 제것이 제 속에 있었습니다. 2천년을 벙어리 냉가슴으로 내려왔지만 그냥 더 있을 수가 없어졌습니다. 그런 줄을 안 것이 어진 세종이었습니다.... "

어느 한글 학자보다 더 마음 한 가운데를 찌르는 시원하고 정신이 번쩍 드는 글이다.

《씨올의 소리》1973년 2월호 '씨올에게 보내는 편지'에
씨올은 사람의 것 [人爲]
제 스스로 하는[自然]
시대의 헤맨 아이[迷兒]
옹글게 하다[全體]

한자를 한글로 풀이해 놓았는데 쉬운 우리말이 얼마나 좋은가.
우리가 지금 쓰고 있는 한자말을 모두 쓰지 말자는 것이 아니다. 또 그렇게 할 수도 없다.
보기를 들면 한자 말이지만 산, 강, 기차, 책 따위 우리말이 되었고 누구나 알 수 있는 말은 그대로 쓰고 쉬운 우리말이 있는데도 안 쓰고 어려운 한자말이나 일본말법 한자를 쓰는 것을 막자는 것이다.

보기 : 일본식 중국 글자말
담합 매주 역할 옥외 차출 따위 이밖에도 많다.
매립, 매일, 입구, 왕왕, 매입, 시도, 인상, 지분, 매출, 수순, 인하, 적자, 매몰, 신병확보, 인출, 취급, 매월, 입장, 옥내, 추월 따위 이처럼 흔히 쓰는 일본 말법도 우리말로 고쳐 써야겠지만 먼저 고쳐 쓰지 않으면 안 될 무슨 '~적'하는 것인데 아래 이오덕 선생이 내세우는 것을 들면,

"주체적, 실천적, 주관적, 적극적, 소극적, 비교적, 국제적... 무슨 말이든

지 한자말 다음에 '~적'을 붙이는 것인데 많이 쓰는 정도가 아니라 글을 쓰는 사람치고 이 '~적'을 안 넣으면 자기주장을 단 한 줄도 못 쓸 사람이 거의 모두가 아닐까 싶을 정도로 쓰고 있다. 이 말을 안 써야 우리말을 살릴 수 있고 우리 말을 살리려면 우선 이 말부터 몰아내야 한다고 생각한다."

노명환은 〈새누리신문〉과 《씨올의 소리》에 '~적을 물리치고 우리말을 살리자'는 글을 쓴다. 이 '~적'이 얼마나 뿌리가 깊은 왜색 말인지 낱낱이 짚어낸다. 그가 아는 사람들마다 우리 말법이 아니니 고쳐쓰자는 편지를 보낸다.

그의 편지에 대놓고 "'~적'은 우리 말법이야. 당신 말이 틀렸어"라는 이는 한 사람도 없고 모두 고쳐쓰겠다고 답장을 보냈다. 하지만 그뒤로 '~적'을 쓰지 않는 사람은 한 사람 뿐이고, 다른 사람들은 지금껏 고치지 않고 있다.

그래도 희망을 놓지 않는 건 노명환이 받은 편지 한 통이 있어서다.

노명환 님

보내주신 글 감사히 받았습니다.

선생님 말씀과 지적은 100퍼센트 동감합니다. 앞으로 더욱 노력해서 '的'을 물리치도록 애쓰겠습니다. 다만 몸에 익지 않아서 아직은 쉽지 않군요. 소중한 도움말씀 주셨으면 합니다. 깊어가는 가을밤에 늘 강건하시길 기도 드립니다.

김성수 올림

이 글을 준 분은 젊은 학자로 《씨울의 소리》에 글도 많이 쓰고 책도 낸 분인데 이런 학자가 학생들에게 우리말을 제대로 가르친다면 희망이 아니고 무엇이겠는가.

노명환에게 이만한 응원은 없다. 그러나 어디나 빛과 그늘이 있는 법.

"그러나 반대로 걱정이 되는 단체나 개인도 있다. 더욱 놀라운 사실은 〈우리말철학사전〉이나 '우리말로학문하기'모임에서 낸 《사이》를 보아도 '~적'을 너무 많이 쓰고 그것도 너무 어려운 말이나 어색한 말이 많아 《국어사전》에서 찾아보아도 없는 것들이었다.

그러니까 일부러 만들어 낸 말이고 《국어사전》에 있다 해도 그것도 문제다. 사전에 있는데 무슨 트집이냐고 할지 모르지만 사전을 만든 국어학자가 일본유학파라면 일본 말법을 그대로 직역해서 사전에 올린 것이 수없이 많기 때문이다."

사전에 없는 어려운 말 보기를 들면 아래와 같다.

가지적 견본적 공진화적 가치적 계열적 과대망상적 가족유사적 내용적 분별적 공시적 내존적 미편화적 사일적 국학적 단자론적 병렬적 상보적 긴장적 도가적 불교적 성결적 관계론적 등급적 비외적 선차적 격률적 문맥적 비표상적 상호영양적 결합적 몽매주의적 복수적 신분적 공하적 물리물질적 본성적 시민적 암묵적 유비적 유정성적 즉물적 양가적 유희적 외부환기적 조작적 영혼적 양화적 위상학적 종차적 우세적 이가적 의미이해적 정지적 유위적 인지적 정합적 즉대자적 이전적 일면적 자족적 전일본적 이항적 외상적 조정적 적재적 일면적 외심적 충층적 재현적 역점적 원한적 진위적 지향적 오도적 예견적 질서적 조형적 지리론적 타자적 현장론적 자기활동적 동시적 화형론적 자기원적 현존적 자연동화적 협동적 찰라적 행사적 축적적 향내적 천성적 향외적 천인합일적 화용적 초실정법적 해방적 초탈자연적 환기적

이처럼 '적'을 즐겨 쓰다보니 짧은 문장에도 '~적'을 몇 번씩이나 이어 쓴다.

보기 – 다섯 번 이어쓴 곳
정신적 심리적 현상은 인지적 본능적 감각적 감성적 의지적...앞에 말까지 일곱 번을 썼다. 여섯 번 이어쓴 곳도 있다.
이성적 동물로서 과학기술적 정치사회적 유희적 예술적 형이상학적 종교적.
9번 '적'을 달아 쓴 곳을 보자.
이성의 보편성과 고정성은 널리 유통되는 도구적 관조적 과학적 이론적 실천적 수학적 미학적 정치적 경제적... .
정말 놀랍다.
다른 책에서 어쩌다 네 다섯 번 나오는 것은 봤지만 아홉 번 달아쓰다니.'적'을 쓰다보면 아무곳이나 붙여쓰게 되고 글이 엉망이 된다. 얼른 보면 글이 힘이 있고 이음이 잘된 것 같지만 그게 아니다. 어디 그뿐인가.

《씨올의 소리》1989년 10월호 특집에 '한글'을 쓴 한글학회 이사징 허웅 선생도 "한글은 우리 겨레의 정신적 창조물 가운데"로 시작해서 글에 문화적 획기적 대표적 치욕적 창조적 따위 '적'을 썼고 "자기도 모르게 중국적인 사상 감정을..."이란 글에도 일본에서 즐겨쓰는 한자를 쓰고 있다.
한글 학자 그것도 한글학회 이사장까지 '적'을 쓰는데 누구 말이 맞느냐고 할지 모르겠다. 한글만 쓴다고 우리말이 될수 없고 누구나 쓴다고 해

서 그대로 따라 쓸 수는 없다.

함석헌 선생님 글은 입말이 많기 때문에 뜻은 깊었고 그리 어렵지 않다. 그러나 선생님도 많이는 안 써도 가끔 '적'을 썼는데 살아계실 때 선생님께 '적'표현이 우리 말법이 아니라고 여쭈었다면 모르고 썼다고 고쳐 쓰겠다고 하셨을 것이다.

누구보다 우리말을 사랑 했으니까.

1989년 10월호 《씨올의 소리》'웃으면서 싸워봅시다'35쪽에 '적'이 모두 23번 나온다.

어떤 분은 나에게 '적'을 안 쓸 대안이 있느냐고 물었는데, 나와 생각이 같은 이오덕 선생이 쓴 글이 있다. 쓰지 않아야 할 까닭 10가지를 줄여 쓴다.

첫째, 우리 말이 아니기 때문이다.

둘째, '적'이 들어가면 말이 어려워지고 어려운 글이 된다.

셋째, '적'은 일본말이다.

일본에서는 1870년대 쓰기 시작했는데 우리말 받침에 해당하는 말소리가 없어서 부드럽고 곱기만 하지 힘찬 소리를 낼 수 없어 '데끼'소리가 나는 '적'을 노の대신에 쓰게 되었다.

넷째, '적'을 쓰면 말이 부드럽지 못하게 된다.

다섯째, 앞뒤로 한자말을 불러와 어려운 한자말 틀을 만든다.

여섯째, 아무런 쓸모없이 아무데나 적을 버릇처럼 붙인다.

일곱째, '적'은 정확하지 않은 말이다.

여덟째, '적'은 외국말법을 끌어들인다. '적'이란 말이 우리말이 아니고 외국말이니 당연한 결과다.

아홉째, 문법에 맞지 않게 쓰게도 된다.

열째, 이 '적'은 우리 말로 살아가는 길에서 가장 먼저 싸워 없애야 할 적이다.

이오덕 선생은 '적'을 쓰지 않는 방법도 6가지를 일러주었는데 간단하게 소개한다.

첫째, '적'만 뺀다. 개량화 공세에 적극적 대처를'이란 문장은 '개량화 공세에 적극 대처를'이라고 쓰면 된다.

둘째, '적'을 빼고 그 자리에 다른 말을 쓴다.

'여론이 남성적인 까닭'은 '여론이 남성편인 까닭'으로 쓰자

셋째, '적'을 '의'로 바꾸면 된다.

'육체적 고통을 이겨내면서 정신적인 끈기를'은 '육체의 고통을 이겨내면서 정신의 끈기를'이라고 쓰면 된다.

넷째, '적'대신에 '스럽다' '답다'를 쓰면 자연스럽다.

'탈출구 없는 인물들의 변태적 일탈'을 '탈출구 없는 인물들의 변태스런 일탈'로.

다섯째, '적'을 아주 다른 말로 고쳐야 할 때도 있다.

'비교적 객관적 자세를 대체로 공정한 자세'로 쓰면 훨씬 부드럽다.

여섯째, 쉬운말로 바꾸면서 말의 차례를 바꾸자

'수동적인 TV보기는 이제 그만!'을 '보기만 하는 TV는 이제 그만!'이라고 쓰면 눈에 쏙쏙 들어온다.

학자도 아닌 내가 공자 앞에 문자 쓴다는 말처럼 학자들 글을 꼬집으며 내가 존경하고 따르던 함석헌 선생님과 이오덕 선생님 좋은 글을 빌려와 모자라는 글을 썼다. 오직 우리말 사랑과 씨올 사랑으로 너그럽게 봐주세요. 개인 자존심을 건드리고자 한 것이 아니고 우리 말글이 씨올답게 되기만 바랄 뿐입니다.

우리말글을 바로 잡자는 그의 의지와 노력은 여기서 멈추지 않는다. 대통령한테 편지를 보낸다.

김대중 대통령에게 편지를 보낸 사연

김대중 대통령님께

경제한파로 거덜이 나버린 이 나라를 다시 살리고자 얼마나 고생이 많으십니까.

한 가지 건의를 드리기 전에 간단히 저를 소개합니다. 저는 1972년 10월 유신 때 계엄령 아래서 유신헌법을 바로 비판한 글을 쓴 일로 구속되어 실형을 살았고, 그 일로 직장에서 쫓겨나 낯선 타향에서 행상을 하며 어렵게 살았지만 한번도 후회해 본 일이 없고 김대중 님이 대통령에 당선되어 얼마나 감격했는지 모릅니다.

1986년 경기도로 이사온 뒤로는 함석헌 선생 장기려 선생 기념사업회에서 작은 힘이나마 보태는 일을 했고 지금은 이오덕 선생이 하는 '우리말살리는모임'운영위원이기도 합니다.

요즘 시계를 거꾸로 돌려 옛날로 돌아가려는 일을 꾸미는 사람들이 있으니 '전국한자교육추진총연합회'준비위원들입니다. 세종대왕께서 무식한 백성도 쉽게 쓰고 읽고 말할 수 있도록 만든 좋은 한글을 지식인들 높은 자리에 있는 사람들이 한글을 무시하고(업신여기고) 한자교육을 계속하지 않아 오늘날 우리나라 형편이 이렇게 된 것처럼 말하고 선전하며 초등학교부터 한자교육을 다시 시켜야한다고 하는데 저희 '우리말살리는모임'에서는 그 잘못된 점을 하나하나 들어 특집으로 회지를 내기도 했습니다.

한자교육추진위원회 주비위원 52명 명단을 보면 이 나라 정치 교육 종교계에 이름이 널리 알려져 있고 지도자라는 사람들인데 그렇다고 그 사람들이 온 국민을 다 대표하는 것은 아니니 공청회도 열고 찬반토론을 충

분히 해서 결정할 문제라 생각합니다.

교육부나 문화관광부에서 어떻게 생각하는지 알고 싶습니다.

노명환 드림
1998년 11월 10일 《우리말 우리얼》 제5호

노명환이 이오덕 선생과 편지를 주고 받으며 해온 일은 일본말 찌꺼기와 우리 말법에 어긋나는 글을 찾아 바루는 일이었다. 말이 쉬워야 삶도 쉽고, 말을 바로잡으면 꼬인 살림살이도 바로잡을 수 있다고 믿었다. 그 본보기 말이라고 할 수 있는 '∼적'.

"그 '∼적'은 아무리 좋게 봐주려고 해도 우리가 쫓아내야 할 적일뿐"이라고, 그는 잘라 말한다.

나는 왜 '_적'을 미워하는가?

맺음말부터 먼저 말하면 '_적'은 우리 말법이 아닌 것이 우리말인것처럼 여기저기 설치고 있고 말과 말 사이를 이어주는 다리처럼 꾸미지만 사실은 우리말 맥을 끊는 짓을 하기 때문이다.

나도 전에는 알지 못해 이'_적'을 글로도 쓰고 말로도 했지만 1992년 신문에서 처음으로 이오덕 선생님 글을 읽고 크게 깨달아 우리말살리는 회원 되었고 《우리글 바로 쓰기》와 이오덕 선생님이 보내주신 《우리 문장 쓰기》로 공부를 하면서 쉽고 좋은 우리말을 두고도 우리말법이 아닌 말이나 어려운 한문투 말이 우리 말을 얼마나 병들게 했는지 알고 "우리 말글이 살아야 우리 얼이 살고 우리 얼이 살아야 우리 민족이 산다"는 이오덕 선생님 말씀에 뜻을 같이해 옛날 독립운동 했던 어른들 마음으로 돌아가 우리말 살리는 운동에 조금이나마 도움되는 일을 하고 싶었다.

그럼 내가 할 수 있는 일은 무엇인가.

나는 전문학자도 교수도 아닌 보통 사람으로 내가 보는 신문 잡지 또는 내가 들어있는 모임회지에서 먼저 고쳐야 할 것을 찾아보니 너도나도 제일 많이 쓰는 말이 '_적'임을 알았다.

정말 여기도 '적' 저기도 '적' 적투성이었는데, 심한 곳은 글 한 줄에서도 연이어 세 번 네 번까지 나오는 곳도 있고 한 쪽 글에 몇십 개가 나오는 곳도 있었다. 마치 '_적'을 안 쓰면 글이 안 되는 것처럼 몰라서 쓰거나 버릇으로 쓰고 또는 글 멋을 내고 무게를 잡고 싶어 그렇게 쓰는 것 같았다.

그래서 무엇보다 이 '_적'을 물리쳐야 우리 글말이 산다는 것을 알고 93년 맨 처음으로 내가 존경하는 교수님 글을 읽고 다음과 같은 편지를 보냈다.

"김○○교수님 안녕하세요?

보내주신 회지 잘 받아보았습니다. 교수님이 쓰신 머리글 내용은 참 좋았는데, 옥에 티라면 글 가운데 '창조적, 장기적, 세계적, 이성적, 합리적, 형식적, 조직적, 조직화, 정식화 따위 '_적'과 '_화로 되어 있는 곳이 많은데 이오덕 선생님이 낸 《우리글 바로쓰기》에 보면 이 '_적'은 일본식 중국글자말로 되어있어요....(줄임)

공자 앞에 문자 쓴다고 감히 교수님 글을 지적했으니 널리(넓은 마음으로)받아 주세요."

〈답장〉

안녕하신지요? 편지 참 고맙습니다. 이 말을 한 이래 이와같이 고마운 편지를 받은 적은 처음입니다. 좋다는 말은 많이 들었지만 그러한 말은 때때로

격려하고 계속하는데 힘을 주기는 하지만, 자만에 빠지게 합니다. 불편할 때
도 있지만 날카로운 비판과 잘못을 지적하는 말을 기다렸습니다. 그런데 아직
까지 없어서 몹시 섭섭했는데 노명환 선생님이 매우 고마운 일을 하셨습니다.

　　편지를 읽으면서 제 얼굴이 얼마나 화끈거렸는지 모릅니다.

　　편지 읽자말자 회지를 꺼내 읽었습니다. 빨간색으로 표시하면서 읽으니 새빨갛게 되더군요. 참 부끄러웠습니다. 할수만 있다면 도로 회지를 모두에게 돌려받았으면 하는 마음이었습니다.

우선 숙제하는 마음으로 제 마음대로 고쳤습니다. 부드럽지 못한 다른 말도 많이 있지만 우선 '_적'을 다른 말로 바꾸어 보았습니다. 좀더 매끄러운 말로 바꾸려면 상당히 긴 시간을 정성들여 일해야 하리라 생각합니다. 급한 마음에 먼저 고친 것 한 부 보내 드립니다. ....(줄임)

어떻게 하면 아름다운 글을 쓸 수 있을까를 항상 생각합니다.

그러나 살아서 움직이는 글이 되지 않습니다. 소견이 좁아서 그렇겠지요. 맥맥이 콧구멍 같은 소견빼기 가지고는 참 어렵겠다는 느낌이 듭니다. 그래서 진솔해 보려고 애씁니다. 특히 글을 써서 여러 사람이 읽을 수 있는 도구에 실리게 한다면 잘못된 글버릇을 빨리 고쳐서 제대로 된 글을 쓰도록 하여야 할 것이라고 생각합니다.

위 편지글을 소개한 건 이 편지글을 받고 힘을 얻어 우리말 살리는 운동에 힘차게 뛰어들었기 때문이다. 우리말 살리는 겨레모임 회원들도 일하는 곳곳에서 우리말 살리는 운동을 하고 회비도 열심히 내고 모임에도 힘을 보태 우리 말글을 기어이 살려 빛내야 되겠다.

1997년 7월 10일 《우리말 우리얼》제12호

노명환이 생각하는 '나라 사랑'은 제 삶을 거짓없이 사랑하는 것이다.

거짓된 사랑이 아닌, 남을 속이지 않는, 스스로에게 감추는 것이 없는, 그런 삶이 나라를 사랑하는 삶으로 여기며 걸어왔다.

어떤 이가 참된 삶을 사는 지 아닌 지는 그 사람이 쓰는 말만 들으면 알 수 있다. 누구도 속이지 않는 쉬운 말로, 누구도 얕잡아 보지 않는 겸손한 말로, 몸 불편하고 가진 것없는 사람 조롱하지 않는 말로 살아야 한다. 그런 말을 지키며 살아야 한다. 함석헌 선생 장기려 박사 이오덕 선생 세 사람이 그러하였다. 노명환도 이들을 따라가고자 애썼다.

그것이 노명환 한평생이다.

누가 나라를 사랑하는가?

며칠 전 신문에서 참으로 반가운 글을 읽었다.

미국에 살며 사업을 하는 백영준 씨가 로스엔젤레스에 있는 연세대학교 부설 한국어학당에 10만 달러(약 1억2000만원)를 기부했다는 글인데, 그는 그 큰 돈보다 더 값진 말을 했다.

"한글은 우리 동포와 정부가 관심을 갖고 지원해 주면 미국은 물론 세계적으로 뿌리 내릴 수 있는 멋진 언어일뿐 아니라 한국과 한국인에 대한 이해를 높이는데 큰 도움이 될 것입니다."

참으로 멋진 말이다. 42년 전에 미국에 건너가 식당종업원, 경비원, 잡역부 따위 하루 16시간씩 막일을 하며 대학을 마치고 사업으로 성공한 그가 피땀흘려 번 돈을 아낌없이 내놓았으니 얼마나 고마운 일인가.

한편 나라 안 사정을 생각하면 부아가 치밀어온다.

한문을 배우지 않으면 나라가 망하고 문화가 뒤떨어질 것처럼 떠들어대는 한문에 미쳐버린 잘난 체하는 사람들은 즈네들끼리 모임을 만들고 엄청난 돈을 들여 나팔을 불어대고 있어 이네들이 옛날 최만리 파들이 아닌가. 기가 막힌다.

그보다 더한 것은 이 나라 대통령도 뚜렷한 갈림을 못 짓고 어정쩡하며 심지어는 미국에 가 영어로 연설을 하고, 김종필 총리는 한술 더 떠 초등학교에서 한문을 같이 가르치고 공문서에도 간판도 주민증에도 한문을 같이 써야 한다고 몽니를 부린다.

그래서는 안 된다고 반대하는 쪽이 훨씬 많은데도 그대로 밀어붙이고 말았다. 그 사람 또한 일본에 가 일본말로 연설도 하고.

여기서 나는 한글이 좋은 점을 하나하나 들어 말하기보다 만약 세종큰임금께서 그때 최만리 무리와 같은 반대파에 밀려 훈민정음(한글)을 만들지 못했다면 어떻게 되었을까 생각하면 아찔하다.

눈을 뜨고도 보지 못하는 백성이 얼마나 많을 것이며 한문파들이 큰소리치는 우리 문화가 앞으로 나아가기보다는 도리어 뒷걸음을 자꾸 쳐서 불쌍한 민족이 되었을 것이다. 스스로 잘난체 하는 사람들은 결코 쉬운 말글을 쓰지 않고 어려운 한문말투 일본말투 영어를 끌어대면서 거드름을 피우지만, 스스로를 낮추는 이들은 어려운 말이나 글을 쓰지 않는다.

예수께서 말씀하실 때 낮고 천한 무리들이 알아들을 수 있도록 쉬운 말로 비유해서 말씀하셨다. 만약 그때 예수께서 한문투 어려운 말을 했다면 성경이 오늘처럼 온 누리에 널리 퍼지지 못했을 것이고 많은 사람들이 믿고 따르지 못했을 것이다.

어디 예수뿐인가. 석가도 그때 무리들에게 알기 쉽게 말했을 것이다. 그 말씀이 중국을 거쳐 우리나라에 들어오면서 한문으로 써져 절에서 오랫동안 공부한 사람이나 읽을 수 있지 산 아래 보통 사람들은 그뜻을 알지 못했다. 그래서 아들 잘 낳고 돈 많이 벌고 건강하게 해 달라는 기복신앙으로 흘러 버렸다. 기독교도 마찬가지지만.

내가 존경하는 두 분 선생님, 지금은 돌아가고 안 계시지만 살아계실 때 알아듣지 못할 말이나 글을 쓰지 않으셨다. 그 두 분 가운데 한 분인 함석헌 선생은 학교 다니기 전 한문 공부를 했고, 노자 장자 강의까지 했지만 결코 한문을 가르치기 위함이 아니요 될수록 그 뜻을 우리말로 풀었으니 어려운 말로 지식을 뽐내자는 사람들과는 달랐다.

아래 시 한 편을 소개하는데 이 시는 선생께서 독재와 싸우다 감방에 있을 때 교도관들의 눈을 피해 틈틈이 쓴 《수평선 넘어》란 시집에 있다.

산

나는 그대를 나무랐소이다
물어도 대답을 않는다 나무랐소이다
그대겐 묵묵히 서 있음이 도리어 대답인 걸
나는 모르고 나무랐소이다

나는 그대를 비웃었소이다
끄들어도 꼼짝도 못한다고 비웃었소이다
그대겐 죽은 듯이 앉았음이 도리어 표정인 걸
나는 모르고 비웃었소이다

나는 그대를 의심했소이다
무릎에 올라가도 안아도 안 준다 의심했소이다
그대겐 내버려둠이 도리어 감춰줌인 걸
나도 모르고 의심했소이다

크신 그대
높으신 그대
무거운 그대
은근한 그대

나를 그대처럼 만드소서!

그대와 마주 앉게 하소서!

그대 속에 눕게 하소서!

그대 위에 서게 하소서!

　이 시에 깊은 뜻이 있지만 한자어는 의심, 표정, 은근 세 곳뿐이고 순
우리말로 쉽게 읽을 수 있다.

　또 한 분 장기려 박사님은 〈부산모임〉이란 회지를 오랫동안 내셨고 한
해 한 번씩 수양회도 가졌지만 말씀이나 글을 어렵게 쓰지 않고 몸소 예
수님 가르침대로 실천하며 살다 가셨다.

　어떻게 그럴 수 있을까.

　오직 겸손과 진실 사랑만으로 어린아이처럼 사셨기 때문에 그럴 수 있
었다고 본다.

　한문 쪽 사람들이여. 이 겨레 말글을 업신여기고 그대들이 나라와 민
족을 사랑한다고 말할 수 있는가.

1999년 11월 10일 《우리말 우리얼》 제16호

우리 자형, 노명환을 말한다

-인요한(세브란스병원 국제진료센터 소장)

　　하나님이 우주 만물을 창조하시고 지난 50여년 동안 인류가 가장 파격적인 변화를 겪지 않았을까 생각합니다. 그 가운에서도 대한민국이 가장 빠르게 발전하고 많은 변화를 경험한 국가라는 것은, 많은 사람들이 공감하는 사실일 것입니다.

　　이 발전의 경제적인 기반은 박정희 대통령의 3공화국이었다는 것도 모두가 압니다.

　　동시에 민주주의도 같이 발전을 해왔는데 ,경제 발전의 희생 못지않게, 많은 사람들이 희생을 바탕으로 이루어졌기 때문에 지금 대한민국이 민주국가로 굳건하게 섰다는 것도 지나친 말이 아닙니다.

　　노명환 국장님과 제 가족의 인연을 소개하자면, 제가 중학교 입학할 무렵, 저희 부모님께서는 선교사로서 요양소를 운영하시며 가난하고 소외받는 사람들, 특히 결핵으로 투병하는 수 만 명의 환자분들을 돌보시고 치료하셨습니다.

　　이 사업을 확장하고 많은 사람을 치료하는 재단의 총책임자가 바로 노명환 국장이었습니다. 사모님 송옥자 여사는 제가 갓난아기일 때부터 유년기까지 부모님께서 선교사로 일을 하느라고 바쁠 시기에 저를 키워주신 은인이기도 합니다.

　　1970년대 요양소 책임자로 일했던 노명환 국장께서는 당시 부당한 유신과 특별조치라는 일들이 일어나자 자신의 안정된 생활을 뒤로 하고 대한민국 민주주의에 대치되는 사건들에 발벗고 나서 맞서며 본인이 옥고를 치루는 것도 마다하지 않았습니다.

재판 과정에서 '유신에 반대하지 않겠다'는 각서만 쓰면 감형하여 석방해 주겠다는 판사의 제안에도 '양심을 갖고 있는 사람이 이 조치들을 받아들이면 대한민국 민주주의는 쓰레기장으로 간다'는 강한 주장을 모두가 듣는 앞에서 외쳤던 용기있는 민주투사이기도 하였습니다.

지금 우리는 노동운동이나 학생운동이 정치적인 목적을 위한다는 오해를 받기도 합니다. 그러나 그 당시 박정희 대통령 시대에는 이렇게 민주주의를 지키고 법정에 서서 자신의 목숨을 걸고 행동하는 양심으로 모든 것을 포기하고 험난한 길로 가겠다는 각오가 아니었으면 불가능한 일이었습니다. 이러한 행동들이 얼마나 소중한지 모르겠습니다.

저희 아버지는 민주주의라는 것은 피와 땀과 생명으로 지킨다는 말씀을 늘 하셨는데, 타협하지 않고 자신의 미래를 포기해가며 꼿꼿하게 민주주의를 지킨 노명환 국장을 기억할 수 있는 이 책의 내용이 그런 것들을 잘 설명하고 있습니다.

이렇게 자신의 안녕을 포기하고 희생한 많은 분들의 노고로 민주주의가 발전한 것이라는 것을 본인은 확신하며 이 책 출판을 마음 속 깊이 진심으로 축하드립니다.

2021년 10월
인요한

노명환 선생 문집 발간을 기뻐하며

— **김조년**(한남대 명예교수)

내가 노명환 선생을 알고부터, 그가 나를 긴장되게 한다는 것을 느꼈다. 나는 그에 견주어 말을 많이 하고, 글을 많이 쓰는 자리에 있다. 그러다 보니, 내 말과 글을 그의 말과 글과 행동에 견주어 살펴보게 될 때가 많다. 내 말과 글에는 헛것이 많이 들어 있다. 그런데 그의 말과 글에는 항상 그의 행동, 삶과 일치하는 것을 느낀다.

그가 공공하게 말하고 글을 쓸 때는 자신의 삶이 그것과 동떨어져 있는 것으로 보지는 않는다. 바로 이 점이 나를 긴장하게 한다는 뜻이다. 그렇다고 그가 내가 하는 일을 이렇게 저렇게 지적하고 비판한 것은 아니다. 내가 철저하지 못함으로 스스로 가지는 맘에서 오는 긴장이다.

나와 노명환 선생이 언제 처음 만났는지는 기억에 없다. 아마도 함석헌 선생이 돌아가신 몇 년 뒤, 쌍문동 함석헌 선생 댁 차고를 〈씨울의 소리〉 사무실로 잠깐 쓸 때 아닐까? 그때 《씨울의 소리》도 중단되었었고, 선생님을 따르던 이들도 어떤 구심점이 없어서 뿔뿔이 흩어져 생활할 때다.

그 무렵 젊은이들이 이런저런 이야기들을 하면서 서로 함께 맘을 모아야 하지 않을까 하는 것을 가끔 논의할 때다. 그 때 처음 그를 만났을 것이라고 추측된다. 그런 자리에서 《씨울의 소리》 독자란에 투고하여 이름을 알고 있던 그를 만났을 것이다. 그런 뒤 자주 만나게 되었다. 씨울모임이나 함석헌 기념사업회, 겨레살리기 우리말 모임, 표주박통신 어우리 따위가 있을 때 만났다. 그 때마다 그는 그에게 좋게 영향을 준 선생들의 삶과 말씀을 당신의 것으로 실천하려는 의지가 참 강한 것을 보았다.

함석헌 선생을 만나면서는 '사람답게 죽자'는 것을 다짐하고, 장기려 선생에게서는 자기 몸을 아끼지 않고 남을 위하여 버릴 수 있다는 거룩함을 다지고, 이오덕 선생을 만나서는 할 수만 있으면 순수한 우리말을 쓰려고 애를 썼다.

그는 건강에 매우 큰 관심을 가지고, 실제로 실천한다.

거기에는 몇 가지 이유가 있다. 첫째는 물론 당신이 활동하는 동안 남의 신세를 지지 않고 당신 스스로 당신의 몸을 잘 움직여야 한다는 것이다. 그만큼 건강해야 한다는 것이다. 둘째는 당신의 장기를 기증하려는데, 할 수만 있다면 건강한 장기를 가지고 있다가 기증해야 한다는 맘이 아주 철저하다. 그러니까 건강을 챙기는 것은 당신의 몸을 위한 것이기도 하지만, 이미 기증하기로 한 그 공공한 몸을 귀하게 관리해야 한다는 뜻이다. 그래서 그가 건강을 귀하게 여기는 것은 공사 두 면의 욕구를 충족시키는 일이다. 그러면서 그는 마치 건강전도사로 나선 듯한 일을 한다.

내가 주관하던 '표주박 어우리'에는 거의 빠지지 않고 오셨다. 그 때마다 긴 시간 건강실천 강습을 하셨다. 그의 건강관리법은 간단하면서도 많다. 이러저러한 기회에 건강을 위한 체조 가운데 새로운 것이 있으면 당신의 건강체조법에 끼워 넣는다. 그래서 만날 때마다 체조하는 시간이 길어지고 가짓수가 다양해졌다. 누구에게나 사람답게 살려면 건강해야 한다는 것을 강조한다.

내가 내는 〈표주박통신〉을 받고 어느 날 나에게 두꺼운 편지를 보냈다. 그 편지에는 내 〈표주박통신〉을 읽고 우리말이나 그 투가 아닌 것을 빨간 색으로 표시한 것이었다. 전체가 빨갰다. 그것을 보는 순간 내 얼굴도 빨

갖게 되었다. 그래서 그 글을 다시 고쳐서 보내드렸다. 그는 무척 고마워했다. 물론 나도 고마웠다. 그 뒤부터 나는 글을 쓸 때마다 긴장하면서 좋고 부드러운 글을 쓰려고 노력한다. 내 글이 좀 부드러워지고 활기가 난다면 그것은 노명환 선생이 지적해 준 것을 따랐기 때문이다. 나에게뿐만 아니라, 그가 잡지나 신문에서 읽은 글 가운데서 당신이 판단하기에 아니라는 말이나 문장을 썼을 때 그는 그 글쓴이에게 편지를 정성스럽게 써서 '수정하면 좋겠다'는 것을 권장한다.

지금도 가끔 만나거나 전화할 때, 그는 언제나 생생한 모습을 보여주신다. 날마다 산에 오르내리면서 만나는 사람과 우정을 나누고, 또 기회가 되면 건강관리를 지도하고 말씀한다. 내가 보기에 그는 건강관리를 통하여 '사람답게 죽는 것'을 실천하고, 남에게 내 몸을 내놓을 수 있는 거룩한 삶을 실천하고 있다. 이번에 여기에 실린 그의 글들은 모두가 다 사사로운 것과 공공한 것을 분리하지 않는, 하나 된 삶이 어떤 것인가를 보여준다. 읽는 이들에게 산뜻한 감동을 줄 것을 확신한다. 이 글을 마치면서도, 그가 운동복을 입고 산과 들을 열심히 달리는 모습이 상상되어 내 얼굴에 살짝 미소가 지나가는 것을 느낀다.

2021년 10월 20일
김조년

씨올정신으로 우뚝 선 의로운 사람

—**박선균**《씨올의 소리》편집장)

일찍이 함석헌 선생은 '생각하는 백성이라야 산다.' 는 글을 발표한 일이 있다. 얼른 보면 '생각하는 백성'을 강조한 듯 보이나 자세히 보면 '생각하는 씨올'을 강조하신 것으로 나타난다. '백성'이란 말은 왕조시대의 말이고 심지어는 '국민' '민중'이란 말까지도 '씨올'에 비해 때가 묻었다고 보았다. '씨올'은 순수하고 깨끗하고 맨 사람을 생각할 때, 그 깊이와 넓이는 짐작하기도 어렵다.

그런데 이 씨올은 '잠자고 있는 씨올'과 '깨어 일어나 활동하는 씨올', 두 가지로 갈리는 것을 말씀한다. 따라서 중요한 것은 '깨어 일어나는 씨올'이다. 먼저 깨어 일어난 씨올이 잠자고 있는 씨올을 깨워 일으키는 운동이 씨올운동이다.

여기 저자 노명환 님은 '깨어 일어난 씨올'이라 말해서 조금도 부족함이 없다. 님은《씨올의 소리》창간 때부터 50년이 되는 오늘까지도 변함없고 착실한 애독자이다. 그는 애독자만이 아니라 실제로 불의의 현장에 뛰어들어 고난을 몸으로 겪은 의인이요 민주투사이다. 1971년 11월호 통권 제6호를 보면, 박 정권은 위수령을 발령하고 비상사태를 선포하던 때였다. 이때 노명환은 순천시 왕조동에 사는 한 독자로서 "사람답게 죽자"는 글을 다음과 같이《씨올의 소리》로 보내왔다.

씨올들이여! 일어설 때는 이때입니다. 어떻게 사느냐보다도, 사람답게 죽는 것이 문제 아닙니까? 먼저 자신부터 그리고 씨올이 속한 직장에서, 단체에서, 부정부패 부정의에 저항합시다. 도전합시다. 죽음을 각오할 때 두려움이 무엇입니까?......《씨올의소리》71년 11월호에서)

어디서 이런 용기가 났는가? 저자는 함 선생님의 글을 읽고 도저히 그냥 있을 수 없었다고 말한다. 그렇지만 필자가 보기에는 타고난 착함과 정의감의 발로라고도 볼 수 있다. 저자는 여기서 그치지 않고 1972년 10월 유신헌법이 선포되었을 때 그 유신을 반대하는 글을 동지들에게 보냈다. 마침내 님은 체포되어 보통군법회의에서 3년 구형에 10개월 복역, 다시 상소하여 고등군법회의에서 3개월 복역으로 감형, 서대문 형무소에 수감되었다. 이 소식을 함 선생님도 알고 필자도 알았다. 함 선생님의 일정으로 면회가 좀 늦었지만, 함 선생님과 필자가 서대문형무소에 노명환 님 면회 갔을 때 3일 전에 이미 석방되었다는 것이다. 그때 필자는 함 선생님의 붓이 무서워 노명환을 미리 석방한 것이 아닌가하는 생각도 들었다.

님은 석방 이후 '요주의인물'로 지목되어 온갖 어려움을 겪으면서도 결코 흔들리지 않고 가지가지의 밑바닥 실림을 경험하면서 가정의 가장 노릇을 해 냈다. 노명환 님은 여기서 그치지 않고 전 가족이 장기기증운동 본부에 시신, 장기, 뼈 기증 등록증을 갖고 있다. 그리고 1995년 자신과 부인과 큰 아들이 신장 기증을 완료했다. 그러고 나서 혹시나 건강에 이상이 생기지 않을까 해서 열심히 체력단련을 하고 몸이 좋아지는 것을 느끼면서, 건강전도사가 되어 전국을 다니면서 건강강의를 하고 있다.

이와 같은 모든 일을 보면서 필자는 노명환 님을 생각할 때, 님이야 말로 "씨올정신으로 우뚝 선 의인"이라는 생각이 든다. 이런 분이 일제 강점기간에 청년이었다면 단연코 의사, 열사의 반열에 들고도 남을 분이라고 느껴진다. 이제 남은 생이 언제가 될지 모르지만 의롭고 바르게 사는 일이 아름답게 마무리가 되기를 바라는 마음이다. 건투를 빈다.

2021년 10월
박선균

노명환이 꿈꾸는
씨알 세상

노명환이 꿈꾸는 세상은 함석헌 선생이 펼친 '같이 살기'요 장기려 박사가 꿈꾸던 '나누는 삶'이요 이오덕 선생이 조목조목 짚던 '쉬운 말로 속이지 않는 세상'이다.

노명환이 쌓아온 시간을 톺아보면 모두 여기에 맞닿아 있다. 또 하나 그에게서 빼놓을 수 없는 것이 신앙생활이다. 그는 군대에 있을 때 교회에 나가기 시작해 70년에는 퀘이커교를 믿게 되었다. 그는 신앙으로 어떤 세상을 만들고 또 무엇을 꿈꾸는 것일까.

천국과 지옥

선생님, 부산모임 형제 여러분 안녕하신지요?

제가 이번에 거창한 문제를 제목으로 들고 나왔습니다. 함부로 다룰 수 없는 어려운 문제를 저 혼자 어떻게 다루겠습니까?

저는 성경학자도 아니요, 목회자도 아닌 서민 가운데 서민이요, 거리의 사람 가운데 거리의 사람입니다. 언젠가 거리(현장)에서 만난 예수님을 "예수는 넝마주이"란 글로 쓴 적이 있지요.

4.19와 부활절인 4월을 맞이하여 천국과 지옥은 어떤 곳이며, 어떤 사람이 천국에 갈 수 있으며, 어떤 놈이 지옥에 갈 것인가?

제 나름대로 생각을 털어놓고 말하려합니다. 평소 고운 말을 쓰려고 노력하는 저이지만 이 글에서 거친 언사가 나와도 용서하소서.

제 말씀을 드리기 전에 저의 형님이요 친구이신 -감히 그렇게 부릅니다. 보통 형님이나 친구가 아니고 제가 잘못했을 때 뺨을 치시고 좋은 길로 인도하시는- 예수님은 천국과 지옥을 어떻게 말씀하셨으며, 어떤 자가 가는지 〈마태복음〉을 읽어가며 천국편 지옥편으로 나누어 노트에 메모를 했습니다.

수십 번 읽은 성경이지만 나누어서 읽다보니 놀라운 사실을 발견했습니다. 천국, 하나님 나라 구절은 아버지를 빼고도 74번 나왔고 지옥, 음부는 겨우 7번 정도였습니다. 〈요한복음〉에서는 찾기가 힘들고 〈마가〉, 〈누가〉에서도 겨우 한두 번 정도 나왔습니다.

천국은 완성형이 아니요 미완성에서 완성으로 가는 과정임을 알았습니다.

예를 들면,

"회개하라! 천국이 가까웠다. 마음이 가난한 자는 복이 있나니 천국이 저희 것, 어린이와 같지 않으면 천국에 갈 수 없다. 겨자씨 한 알의 비유, 가루에 넣은 누룩이 부푸는 비유, 좋은 씨를 제밭에 뿌린 사람과 같다. 밭에 감추인 보화, 좋은 진주를 구하는 장사와 같다. 의를 위해 핍박을 받는 자"등 74번의 천국 이야기 가운데 예수님의 요약은 다음 말씀이라 생각됩니다.

"나더러 주여 주여 하는 자마다 다 천국에 들어갈 것이 아니요 다만, 하늘에 계신 내 아버지의 뜻대로 행하는 자가 들어가리라" 내 아버지의 뜻을 저는 이렇게 생각합니다.

이웃을 사랑하는 자는 말할 것도 없고 봉사하는 사람 봉사도 자기 이익을 계산하고 강자를 위한 것이 아니고, 자기도 약하면서 더 약한 자를 위해 희생적인 봉사, 용기와 신념 때문에 (의를 위해) 핍박을 받는 자일 것입니다. 우리가 아브라함 링컨, 간디, 슈바이처를 두고두고 존경하는 것도 그들의 사랑, 봉사 희생 때문이지요.

그럼 천국은 어디 있을까요?

역시 예수 형님의 말씀을 따를 수 밖에 없습니다. 천상천하에 이보다 더 명쾌한 답은 없을 것입니다. 천국은 여기다 저기다가 아니고 너희 마음 안에 있다. 하나님을 보여 달라는 빌립에게"나는 아버지 안에 있고 아버지는 내 안에 있다"고도 하셨지요.

죽은 뒤의 저 세상이란 말씀은 없습니다. 모두 비유를 들어 우리가 볼 수 있고 접할 수 있는 문제와 연결시켜 주셨습니다. 우리 형님 예수는 역시 멋쟁이입니다.

그럼 지옥은 어디며 어느 놈이 가야 할까요?

7번 정도로 아주 적게 간단하게 말씀했습니다. 그것도 살인, 강도, 절도, 사기, 음란자가 아니고 형제를 욕하고 미워하는 자가 지옥 불에 들어가리라. 멀쩡한 몸으로 지옥에 던지우는 것보다 범죄한 부분을 과감히 절단하고 영생에 들어가는 것이 낫지 않겠느냐?

외식하는 서기관과 바리새인들을 나무랄 때 지옥 이야기를 하셨습니다. 〈누가복음〉에서는 부자와 거지 나사로의 이야기 가운데 음부의 이야기를 했는데 이건 무관심의 죄 때문이라 생각합니다. 저는 생각합니다. 지옥은 어두운 곳, 사랑이 없는 곳, 자유가 없는 곳, 강자가 약자를 억누르는 곳이라고요.

많은 사람들은 자기는 죄를 범하지 않고 선하게 살면, 천국에 가리라 생각하지만 마음에 죄없는 자가 그 누구이겠습니까? 부자와 나사로의 이야기 가운데 부자가 범죄한 사실은 없습니다. 다만, 자기와 가족은 잘 먹고 잘 입고 따뜻한 방에서 하나님 감사합니다. 기도 했을 것입니다.

문밖에서는 상처투성이 거지가 죽어가는데 말입니다. 지금도 우리들의 문밖(이디오피아)에서는 수많은 사람들이 우리에게 구원을 요청하며 죽어가는데 왜 우리들이 외면하고 방안에서 교회에서 찬송과 기도만 드린다면 부자와 다르게 무어가 있겠습니까?

무관심의 죄(잘못)는 또 있습니다.

강도 만나 다 빼앗기고 신음하는 자를 보고도 그냥 지나칠 수 있습니까? 그의 상처를 싸매주며 같이 아파하는 자들을 오히려 불순분자로 보고 자기들은 고기를 지지고 볶고 구워먹으며 기도드리는 자들이 있다면, 지옥으로 안 가고 어디로 가겠습니까?

그것도 대학교수 목사들까지 가세해서 몰아붙인 어두운 시절이 있었습니다. 입이 있어도 말 못하고, 귀가 있어도 듣지 못하고, 눈이 있어도 바로 못 본 병신의 시대가 있었습니다. 우리의 소년 소녀들이 근로조건을 개선해 달라고 월급을 조금 올려달라고, 단체로 호소한 일로 해고를 하고 오물을 퍼부은 자들이 지옥의 자식이 아니고 누구이겠습니까?

세계도처에는 독재자들과 그를 비호하는 자들이 독버섯처럼 존재하고 있습니다. 그들은 정권을 잡고 유지하고자 반대세력, 비판자를, 시위자들을 무차별 사격하여 수많은 생명을 빼앗기도 합니다.

그런 자들과 그들을 축복기도 해주는 자들은 지옥행 직행을 타야지요.

그러나, 어찌 하리오?

그들이 밉지만, 분하고 원통하지만, 그들도 우리 모두의 이웃인걸 무조

건 용서하고 가만히 앉아 있기만 하면, 그들도 화를 당하고 우리도 화를 면치 못합니다.

글 쓰는 이는 글로, 입 있는 자는 입으로,

"예수 형님 힘을 주소서!!"

1985년 4월 《부산모임》 제103호

노명환은 눈물 많은 사람들이 늘어나기를 바란다.

작은 이야기에 눈물짓고 주먹 불끈쥐고 나설 수 있는 씨올들이 나라 곳곳에 박혀서 이 나라가 헛된 힘 쓰지 않고 알토란같이 굴러가길 바란다.

노명환이 꿈꾸는 희망은 씨올이고 아이들이다.

그가 쓴 글엔 눈물과 아이들이 숱하게 나온다. 제목을 종교라고 달아도 그 속살을 파헤쳐 보면 아이 이야기다. 글머리에 법이라고 올려놓아도 읽다보면 따뜻한 기도와 흐르는 눈물과 커가는 아이 이야기다. 노명환은 천성이 아이다.

종교란 무엇인가
법이란 무엇인가

제목만 보면 어마어마한 이야깃거리로 신학박사나 법학박사나 대학교수 또는 전문가가 다루어야 할 것이지만 나는 박사도 교수도 진문으로 연구환 사람도 아닌 밑바닥 씨알이다.

얼마 전 텔레비전에서 '신애를 살립시다'란 볼거리가 있었는데 그걸 보다가 그만 울고 말았다. 나는 남자로 태어나 끄떡하면 눈물을 보이는데 어떤 때는 죽음도 두렵지 않아 계엄령 때'사람답게 죽자'란 글을 써 낸 뒤 감옥에 다녀온 일도 있어, 눈물 속에 어떤 힘이 들어있지 않나 생각되기도 한다.

신애는 아홉 살 된 여자아이로, 수술을 반대하고 하나님이 고쳐 주실 거라는 잘못된 부모의 신앙 때문에 병실에서 천천히 죽음으로 가는 문 쪽에 서있다. 뼈만 앙상하게 남고 눈은 퀭하니 천장을 보며 어느 누구도 원망하지 않고 가는 목소리로 무어라 말하고 있었다.

그 어린 것이 수술 받고 치료 받으면 살수 있다는데, 잘못된 종교와 부모 허락없이는 수술 받을 수 없다는 잘못된 법 때문에 죽어야 한다니 너무나 안타까워 나는 연신 눈물을 흘렸다.

그때 26개월 된 내 손자놈이 "할아버지 자꾸 눈물이 나네"하며 제 손으로 눈물을 닦아주는 것을 보고 그게 또 기특해서 눈물이 더 나왔다.

그 부모가 믿는 종교가 무엇이기에 또 그 전도자는 어떻게 설교했기에 저 지경까지 왔는지, 하기사 그네들뿐 아니라 지금까지 종교전쟁 다툼으로 얼마나 많은 사람이 죽었던가. 신파니 구파니 기독교니 회교니, 도대체 종교란 무엇인가?

몸과 마음을 다스려 이웃과 더불어 서로 돕고 살자는 것 아닌가.

그런데 양의 가죽을 쓴 이리처럼 겉과 속이 다른 종교, 오죽하면 그 착한 예수께서 "회칠한 무덤아"라고 꾸짖기도 하고 그 웅장한 예루살렘 성전을 보시고 "예루살렘아, 예루살렘아"하시며 우시기도 했겠는가.

신애를 죽이는 건 잘못된 종교 때문이기도 하지만 법이란 것도 문제다.

법이란 사람들이 질서를 지켜 서로 다치지 않고 잘 살도록 하는 것 아닌가. 그런데 정치에서는 아무리 큰 죄를 지어도 빠져나가는 놈은 잘 빠져나가고 돈없고 힘없으면 옥살이를 피할 수가 없다.

왜 그런가?

법을 다루는 사람들이 법의 저울이나 잣대를 귀고리 코걸이 목걸이식으로 잘못 다루기 때문이요, 특별법이란 게 있고 사면이란게 있어서 더욱 그렇다. 우리가 정해 놓은 법을 지켜야만 질서가 잡히는 것도 있지만, 잘못된 법은 고쳐야 되고, 법보다는 생명이 먼저다.

그것도 아무 잘못이 없는 생명이 다해가는데 법을 당장 고쳐야 한다. 천하보다 귀한 생명을 먼저 살리고 보아야 하지 않을까. 잘못된 종교는 다 물러가라. 신애야, 너를 위해 눈물로 기도드린다. 살아야 된다. 살아야 한다고.

1999년 10월 1일 《우리말 우리얼》제15호

아이들은 노명환이 받드는 천사다. 그는 이 천사들이 기분좋고 웃음이 떠나지 않아야 저마다 자유롭고 모두가 평화로운 씨울세상이 된다고 믿고 있다.

천사를 보았는가.

나는 손자녀석 잠재울 때 가끔 이야기를 들려준다.

"한솔아, 천사 이야기 해줄까?"

"네"

"잠을 자야 꿈을 꾸고 꿈속에서 천사님이랑 예수님을 볼수 있단다."

"그래서요?"

내 손자는 '그래서요?'란 말을 잘한다.

"천사님은 착한 어린이—어른한테 인사도 잘 하고 친구들과 사이좋게 놀고, 쓰레기를 아무 데나 버리지 않는 __에게 상을 주신단다."

"무슨 상인데요?"

"천사님이 키도 무럭무럭 잘 크게 해주시고, 밥도 잘 먹게 해주시고, 잘 때 울지 않고 잘 자도록 해주시는 상이지."

내 손자는 팔삭동이로 또래보다 조금 작고 밥을 잘 안 먹으려고 한다.
"자장자장, 우리 한솔이 잘도 잔다...."
자장가를 불러주면 어느새 편안히 잠을 잔다. 손자는 꿈속에서 천사를 볼 수 있을지.

그 천사는 어떻게 생겼을까. 지금은 동화책 이야기에 나오는 천사 모습만 보겠지만 손자가 초등학생만 되면 내가 본 천사이야기를 해줄 것이다.

그럼 나는 천사를 보았는가? 보았다.

바로 예수님, 석가님이 보내주신 천사다. 이 세상에는 오직 저만 위해 사는 사람, 남을 해치며 사는 사람, 이웃을 돕고 같이 살아가는 사람이 있는데, 바로 이 세 번째 사람들이 천사다.

이런 사람들이 없다면 어려운 이웃들이 어떻게 살아갈까.

서로 물고 뜯는 아귀다툼만 있는 지옥같은 세상이 될 것이다. 우리가 이만치 살아가는 것도 다 예수님 석가님 가르침을 실천하며 사는 사람들이 있기 때문이다.

텔레비전을 보면 못 마땅한 것도 많이 있지만 좋은 점도 있다.

'칭찬합시다'에 나오는 사람은 거의 다 옛날 어렵게 살았거나 지금도 어렵게 살면서 더러는 자기몸조차 성치 못하면서 부모형제도 버린 사람들을 돈으로 돕는다. 병신들이라고 동네 이웃에서 못 살게 해 이리저리 쫓겨다니면서도 그들을 버리지 않고 같이 살아가는 사람들이다.

그 사람들이 천사가 아니면 누구란 말인가.

얼마 전 '6시 내 고향'에서 이런 사연을 소개했다. 자기도 앞을 못보던 여자가 친동생도 아닌 사촌동생 그것도 정신이 온전치 못한 그 사촌을 정성으로 돌보며 같이 사는 모습이었다. 그 장면을 보자 바로 저런 사람들이 예수님 석가님 친구라는 생각이 들었다.

아무리 열심히 교회에 나가 기도하고 절에 나가 나무아미타불을 외고 절만 잘하면 무엇하겠는가? 앞 못보는 그 여자는 교회에 절에 나가지 않아도 예수님 석가님이 보낸 천사인 것이다.

새해 2천년이라고 떠들지만 말고 이런 천사들이 많이 나타났으면 좋겠다.

2000년 1월 10일 《우리말 우리얼》제18호

《어린이문학》을 읽고

이정우 님께서 고맙게도 보내주어 날마다 다니는 산 쉼터에서 잘 보고 있습니다.

2020년 가을호 〈그리운 이오덕 선생님〉을 보며 선생님이 그리워 어찌나 눈물이 나던지요. 제가 선생님 뵌 게 어느 해였던가? 선생님 뵙고 싶어 찾아가 하룻밤 자고 왔는데 며느님께서 차려온 밥상에 놓은 오골계국에서 선뜻 다리 하나를 저에게 주셨지요.

헤어질 때는 지팡이 짚고 무너미 고개 넘어 동서울 가는 버스정류장까지 나와 배웅해 주셨지요. 차가 떠날 때 손 흔들어주시던 일이 눈에 선해 어찌나 선생님이 그리운지 그만 눈물이 주르륵 흐르고 말았습니다.

겨울호 〈옛이야기〉를 볼 때 제 손자들 생각했습니다.

지금은 큰 손자가 대학 2학년이고 둘째가 고3이라 옛이야기 들려줄 수는 없지만 그래도 제가 어린이로 돌아가 재미있게 읽었습니다.

동화 〈부리부리 생선가게〉는 제가 지금 손자들에게 들려주어도, 산에서 만나는 제 짝들인 어른에게 들려주어도 재미있을 것 같습니다. 더구나 '부리부리'는 산에서 저한테 형님이라 부르는 정말 눈이 부리부리해 붙여 준 친한 동생 별명이기도 합니다.

〈간판 없는 생선가게〉는 믿고 살 수 있어 얼마나 좋을까요. 주인을 생각해서 간판 이름을 이렇게 저렇게 지으라고 알려주는 사람들 이야기를 고맙게 받아 그대로 달았지만, 그 이름 없어도 잘 팔리는 생선가게.

부리부리 아저씨, 산에서 제가 지어 준 부리부리도 좋은 사람입니다.

노명환이 꿈꾸는 세상은 나를 알아주는 벗과 함께 걷는 세상이기도 하다.

김명수, 그대 순수함을 본받고 싶어

진정한 친구란 어떤 사람일까?

함석헌 선생님은 시집 〈수평선 너머〉에서 이렇게 표현했다.

탔던 배 꺼지는 시간

구명대 서로 사양하며

'너만은 살아다오'할

그 사람을 그대는 가졌는가.

나는 과연 내 친구에게 구명대를 양보할 수 있을까? 자신이 없다. 그런데 내 친구 김명수는 이 일을 하고도 남을 사람이다.

김명수는 친구이면서 동지로 옛날 4H운동을 같이 했고 흥사단 단원이

었으며, 함석헌 선생님과 장기려 박사님을 존경해 모임이 있을 때마다 함께 했다. 시신 기증과 안구·뼈 기증 등록도 같이 하고 신장 기증도 같이 하려했으나 그는 간염 때문에 못 하고 안타까워만 했다. '우리말 살리는 겨레모임'에서 운영위원으로도 함께 일했다.

그는 친구지만 나보다 늘 앞서 갔고 지금까지 많은 일을 해 오고 둘레 사람으로부터 존경과 사랑을 받고 있다. 그 사람 됨됨이를 알려면 식구들과 친구, 선후배는 말할 것도 없고 그 사람에게 영향을 끼친 분들이 그를 어떻게 평가하는지를 보면 알 수 있다.

김명수 회갑 논문집에 실린 몇 분 글을 보니,

"나는 30년 전에 김명수 동지를 만났다. 그는 당시 4H운동에 심혈을 기울이고 재건운동에 헌신하는 젊은이였다. 그의 눈에는 맑은 정기가 빛나고 몸에는 씩씩한 활기가 넘치고 가슴에는 불같은 정열이 타오르고 있었다. 그는 사색하는 타입이 아니고 행동하는 타입이었다. 그는 패기만만하고 무서워하는 것이 없는 다혈질의 젊은이였다."

안병욱 교수님 축사 가운데 따온 글이다.

"하얀 모시 한복 차림에서 그가 어떤 사람인지 짐작케 했다.

이 땅의 팔경 가운데 하나인 부안 변산 고을의 의원이자 또 우체국장 신분과 하나밖에 없는 '말씀자랑 한글모임'의 주인공임을 알았다. ...김명수 장로의 글씨는 보는 이마다 우리 것을 강하게 느끼고 우리 주권과 우리 것을 생각한다면 그 애국이 얼마나 아름다운가 묻는 것이다."

문익환 목사님이 남기신 글이다.

"청렴하고 분명하며 강직합니다. 옳다면 죽어도 하고 그릇된 것을 보면 절대로 그냥 못 넘기지요. 그만큼 대인관계가 어렵고 속으로 고독하기도

할 거예요. 좀 쉽게도 넘어갈 줄 알고 부드러웠으면 좋겠으나 제 바람일뿐 인가 하오. 그래도 어머나나 제게 하는 걸 보면 정도 많고 자상한 분이에 요. 현실을 도외시한 이상주의자와 사느라 힘에 부치기도 하고 평범하게 사는 친구들이 부럽기도 했는데 이젠 면역이 되어 괜찮아요. 솔직히 지금 은 그런 남편이 자랑스럽니다."

김명수 아내 마음글이다.

그는 패기만만한 다혈질에 한 번 옳다면 죽어도 굽히지 않는 사람이다.

한번은 전북 체신청에서 공문을 보내 별정 우체국장이 한복을 입고 근 무하는 것은 당국의 이미지를 손상하는 사례이니 그런 일이 없도록 하라 는 지시를 내렸다.

그는 굽히지 않았다.

"별정 우체국장이 한복을 입고 일하는 것이 체신청 이미지를 손상시키 다니? 난 도무지 이해가 안 되요. 농민들이 한복 입으면 농민 이미지나 나 라 이미지가 손상된단 말이여? 우리 옷 입고 우리 정신으로 다니면 오히려 자랑스럽지."

대쪽 같은 그이지만 한편으로 정도 많다.

1960년대에는 논 8천평을 살 수 있는 쌀을 내어 중학교에 가지 못한 청 소년들을 교육시키고자 재건중학교를 세웠다. 부안 지역 갱생보호위원장 을 할 때는 출소자가 다시 범죄를 저지르지 않고 스스로 살아갈 수 있도 록 같이 넝마주이 통을 매기도 했다. 거지들을 두와 결혼시키고 주례까지 서면서 감히 다른 사람은 할 수 없는 일을 했다.

부안군 의회 의장으로 있을 때는 소년소녀 가장 60명을 초청해서 인연 을 맺었는데, 이때 음식을 먹을 때 의장임에도 숟가락 젓가락을 일일이 나 르고 아이들 밥 다 챙겨주고 가장 나중에야 밥을 먹었다. 이런 행동에서 그가 실천한 이웃사랑 참모습을 볼 수 있다.

그는 1938년 3월 14일. 전북 부안군 주산면 돈계리에서 중농 집안 장남으로 태어났다.

아홉 살에 아버지를 여의고 홀어머니 밑에서 개구쟁이로 자랐는데 이리공고를 다닐 때 벌써 태권도와 당수 유단자였다.

그의 인생관이 바뀐 때는 고2 무렵이다. 여름방학 때 사촌형한테 이광수의 《흙》, 심훈의 《상록수》, 톨스토이의 《인생독본》을 빌려 본 뒤 감명을 받아 4H운동에 뛰어들었다. 또 흥사단에 들어가 전북지부장이 되어 활동하다 졸업하고 서울대 문리대에 입학했다. 그러나 4.19때라 공부를 못하고 군대에 가 야간으로 경기대 영문과를 졸업했다.

제대하고 1964년 26세에 주산 별정우체국을 자기 돈으로 세우고 국장이 되어, 우체국 일뿐 아니라 농촌운동, 청소년 운동의 요람으로 삼았다. 그런 공로를 인정받아 청소년 육성공익장, 새마을 훈장, 산업훈장을 받기도 했다.

1975년 전국농업기술협의회 연수생으로 일본에 갔을 때 그는 고난의 가시밭길인 제2의 인생길로 접어들었다. 이제껏 패기만 믿고 술담배를 즐기며 신상생활과는 거리가 먼 생활을 하던 그는 놀라운 말을 듣는다, 일본에 간 길에 동경의대에서 진찰을 받았더니 만성간염 수치인 GPT가 460까지 올라 목숨이 위태롭다는 진단을 받았다.

"이제 내가 죽게 되었구나. 하나님 살려주십시오."하며 자기도 모르게 무릎을 꿇었다. 신앙의 길로 접어든 것이다. 그는 그때 바로 입원했는데 병원에서도 까다로운 환자였다. 일본 음식을 안 먹고, 간호사에게는 한국말로 인사케 하고, 성경을 읽고자 오른 팔에는 링겔을 꽂지 못하게 했다.

1980년 5월에 서슬 푸른 보안대로 끌려갔다.

'김대중내란음모사건'에 묶여 간첩으로 몰렸다. 죽도록 맞고 전기고문까지 당한 뒤 9일 만에야 풀려났다. 반 년 동안 후유증으로 심한 고생을 했는데, 그때 붓글씨로 문서선교를 해야겠다는 영감이 떠올랐다고 한다. 그

때부터 '할렐루야'로 시작하는 편지를 써서 지금까지 약 10만 장을 나라 안팎에 보냈다.

88년 올림픽 때는 세계 161개 나라 대표들에게 이 편지 600장을 써 보내기도 했다.

붓글씨에도 그의 남다른 나라사랑, 한글사랑, 이웃사랑이 넘쳐난다. 자음에서 'ㅇ'은 태극으로 'ㅎ"ㅊ'따위 머리는 십자가로 'ㅅ'은 ∧로 모음에서 'ㅏ'나 'ㅑ'는 새싹이나 나뭇가지 모양으로 썼다.

이 글씨를 함석헌 선생님이 보시고 "자네 글은 꼭 태극기 같네. 이걸 태극체라 하세."하셨다.

또 우리나라 지도 모양 안에 애국가를 4절까지 빼곡하게 써넣는가 하면 십자가 모양 안에는 〈고린도 전서〉 13:13 에 나오는 '사랑하라'를 써넣기도 했다. 글씨 한 쪽에 찍는 낙관도 무궁화와 한반도 지도 모양과 함께 글자 '사랑' '한글자랑' '할렐루야' '아멘' '샘물 김명수'함께 찍었다.

1992년 세종문화회관에서 한글 붓글씨 솜씨보이기를 열어 그동안 갈고 닦은 솜씨를 한껏 뽐내기도 했다.

이런 친구가 나를 만들었다.

내가 죽으면 어디에

지금 내가 아무리 건강해도 나이 86세다. 죽음을 생각하지 않을 수 없다.

옛날에는 땅에 묻고 묘를 만들었으나 언제부터인가 거의 화장해 납골당 칸 칸 안에 가두어 둔다. 죽은 뒤 어디에 있는지 알까만은 난 스스로 자연인이요 자유인으로 살았는데 그곳 단지 안에 갇혀 있기 싫다.

내가 죽으면 시신기증하고 화장하여 그 재를 백지에 싸서 한 그루 나무 밑에 묻어 거름이 되게 하고 싶다. 장소는 서북풍을 막아주고 앞은 탁 트이고 뒤에 있는 바위는 그 틈으로 도토리 씨가 세 갈래로 자라고 있는 곳이 좋겠다. 엷은 작은 돌로 앞에 담을 쌓고 흙을 퍼와 돋은 곳이면 좋겠다.

이곳을 내 큰 손자와 같이가서 알려주었더니 사진을 찍어 내 아들한테 보내서 아들이 다시 그곳에 가서 "이곳이 맞느냐?"며 사진을 찍어 보냈다.

난 죽어서 의학발전에 도움을 주고 몇 줌 재로 한 그루 나무에 거름이 되리라. 그것이 나다운 죽음이다.

씨올 세상이 자리잡자면 무엇보다 종교가 제대로 자리를 지키고 제 구실을 해야 한다고 노명환은 믿는다.

그는 종교에 대해 할 말이 많다. 스승 함석헌 선생과 장기려 박사가 신실한 신자이기도 해서지만, 그가 교회에서 일어나는 부조리와 비리와 말로 표현할 수 없는 폭력을 바로 앞에서 보고 몸으로 겪었기에 더욱 그렇다.

그가 싸워 온 사탄은 50년 전이나 지금이나 우리곁에 여상스럽게 버티고 있다. 조금도 변하지 않았다. '현대판 사탄'을 고발한다.

사탄아 물러가라

《씨올의 소리》 7,8월호 악마의 유혹을 이긴 예수와 씨올 박선균 님이 쓴 성경에 예수를 유혹한 글은 2천년 전 이야기인데, 지금 대한민국에서는 버젓하게 일어나는 현실이다.

현대판 사탄을 나, 노명환은 봤다. 상상이 아니고 직접 봤다.

1968년 내가 다니던 교회에서 일어난 일인데 담임목사는 북한에서 오신 분이고 설교는 성경 중심으로 조용하게 하셨다. 그때까지는 아무 탈이 없었는데 문제는 교인 수가 늘지 않고 그대로여서 그랬는지 유명한 부흥사를 부르기로 했고 그때부터 교회에 사달이 생겼다.

부흥강사는 박장○ 목사였다.(아래 글부터는 '그자'라고 부른다.)

그자는 성령을 받아야 교회가 부흥된다고 통성기도를 시키고 성경으로 강대상을 내리치며 마치 공을 던지듯 성령을 받으라 받으라 소리치고 순진한 교인들은 공을 받듯 두 손으로 움켜쥐며 아멘 아멘을 외쳤다.

교회 임원들 이름을 적어 출석을 부르고 감사헌금을 아낌없이 바쳐야 성령을 받는다며 헌금을 세 차례나 내게 했다. 그때 돈봉투가 쌓이고 금반지 금목걸이가 시계가 쏟아져 나왔다. 문제는 거기서부터 였다.

읍내에서 장사하는 교인들 헌금봉투는 두둑한데 면에서 온 가난한 교인들은 정성껏 가져왔지만 봉투가 얇고 가벼웠다. 그자가 가난한 교인이 낸 봉투를 높이 들고 '하나님이 거지냐? 이러니 가난하지' 소리치며 그 봉투를 바닥에 던져 버렸다.

그걸 가져온 교인들은 얼마나 상처 받았겠는가.

그때는 나도 몰랐다. 교회 다닌지 얼마 안 되고 목사는 다 성령대로 사는 줄 알았으니까. 그리고 그자는 이렇게 공갈을 쳤다.

"어느 교회 교인이 자기를 비판하다 혀가 몇치나 빠졌어."

아무소리 말고 가만히 있으라는 협박이었다. 지금 같으면 그 돈봉투 던지는 걸 보고 가만 있을 내가 아니다.

"야, 가짜야! 그만 집어 치고 내려와!" 소리쳤을 것이다.

교회부흥이 아니라 아수라장을 만들었다. 우리 교회 청년들과 딴곳에서 온 남자 전도사하고 서로 마귀가 들었다고 다투었다. 그자가 부흥회 마지막날 이 교회에 예언자 둘이 나올거라면서 교인들 머리에 안수하고 난리였다.

나도 잘못된 부흥회 때문에 그 교회를 떠났고 가정마저 깨질뻔 했다.

산증인이 있다. 내가 주일학교 선생 할 때 제자였던 김미경을 몇십년 뒤 씨알모임에서 우연히 만났다. 그때 열 살이었던가. 참 순하고 예쁘장한 어린아이였는데 그때 일을 기억하고 있었다.

부흥회로 교회 안에서 교인들이 편을 갈라 나눠 싸우는 통에, 부흥회가 끝나자 나도 아내와 어린 아들을 데리고 순천으로 가서 일하고 있었다.

어느날 부안교회 청년회장한테 편지가 한 통 왔는데 그 편지에 "사탄아, 물러가라."고 적혀있는 것 아닌가. 헌금문제를 거론한 나를 사탄으로 지목했다. 아직 싸움이 끝나지 않은 것이다.

그자가 우리 교회 부흥회가 끝나자 이번에는 전주 무슨 교회로 가 부흥회를 열면서 또 돈을 뜯었다. 우리 교회에서처럼 임원 출석을 부르며 3일 동안 교회에 안 나온 남자 집사 이름에 볼펜으로 줄을 그으며 "이 사람은 3일째 천국잔치에 안 나왔다"고 소리쳤다.

그때 그 교회 목사가 이름 불린 남자 집사 아내를 보니 얼굴이 하얗게 질렸다고 했다. (그 아내는 자기 남편이 천국에 못 가고 지옥에 간다는 것으로 알았던 것이다) 그 교회 목사는 그걸 보고 잘못된 부흥회 때문에 자기 교인을 잃을 수 없는지라 번개처럼 일어나 성령을 받으라고 소리치는 그자 등을 때리며 "사탄아, 물러가라"고 소리쳤다.

그자는 엉겁결에 당했는지라 구석으로 고꾸라졌다. 그 교회목사가 다가가 "지금 이 자리에서 잘 수습하고 끝낼거냐? 이 부흥회를 계속할거냐?"물었다.

교인들에게 그꼴을 보이고 어떻게 더 할 수 있겠는가.

다행히 물러갔는데, 더 놀라운 일은 내가 대구에 이사와서 다니는 교회에 그자가 온다는 소식이 돌았다. 부흥회를 열겠다고 오겠다는 것이다.

나는 내가 부안에서 당한 일과 전주교회에서 있었던 일을 자세히 글로 써서 담임목사께 주었다. 그자가 주관하는 부흥회를 취소했다. 아주 작은 보기일 뿐이다.

지금 설치는 사탄이 어찌 그자 뿐이겠는가.

종교판 정치판 경제판 여기저기 독버섯처럼 수많이 기생하고 있다. 이걸 '사탄아, 물러가라!'고 소리칠 사람은 오로지 '씨울' 밖에 없다고 생각한다. 나라 곳곳에서 뿌리 박고 있는 사탄이 물러날 때까지 싸우는 수밖에 없다. 사탄아, 물러가라! 주먹쥐고 큰소리 치면서.

노명환 삶을 빚어올린 시간을 추리고 추리면 무엇이 남을까.

겸손이란 두 글자 아닐까. 겸손은 그가 걸어온 삶의 산등성이 굽이굽이를 밟고 넘어가는 디딤돌이었다. 청년 시절에 읽었던 단테 《신곡》에서도 천국은 한 번만에 훌쩍 날아오르는 곳이 아니었다고 그는 말한다. 지옥이란 깊고 어두운 골짜기를 빠져나오면 연옥이란 가파른 비탈을 넘어야 하지. 우리네 삶도 그렇지 않은가. 한 고비 지나고 한 악인을 피해보지만 또 다른 고비 또 다른 불구덩이같은 시간이 우리를 기다리고 있으니까. 어떻게 넘고 어떻게 피할 것인가. 또 어떻게 싸울 것인가.

그는 겸손으로 넘고 피하고 싸워왔다.

오랜시간 세 분 선생한테 뜻을 받고 몸으로 가다듬어 가꾸어 온 슬기다. 가진 것 없고 학교란 제도권 울타리에서 제대로 오래 배운 바 없는 그이기에 지닐 수 있었던 덕목인지도 모른다.

세상에는 말 잘하고 글 잘 쓰고 돈 많고 잘난 사람들이 너무나 많다.

이런 사람들이 어느 곳까지는 거침없이 달리지만 어떤 곳에 이르면 남들 얕잡고 속이다가 막판에 주저앉는 것은 스스로 겸손하지 못하기 때문이다. 오만하고 둘레를 살필 줄 모른 채 제 생각만 가장 뛰어난 척 우쭐대는 제 꾀에 제가 넘어가서이다.

노명환은 함석헌이 함석헌으로, 장기려가 장기려로, 이오덕이 이오덕으로 역사에 이름 남은 것은 지식 앞에, 사람들 앞에 그리고 자신 앞에 오로지 겸손했기 때문이라고 믿는다.

그는 세 스승이 몸으로 보여준 가르침과 함께 쌓아올린 시간을 받들며 여기까지 걸어왔다. 수시로 찾아오는 거만과 스스로를 속이려는 유혹을 피하며 나를 잃지 않고자 오늘도 걷고 내일도 또 걸을 것이다.

"내가 겸손하자, 뭐 이런 마음을 따로 먹은 게 아니에요. 선생님들 말씀 듣고 하시는 일 보고 같이 따라하면서 그 큰 삶들 앞에서 쩔쩔매며 쫓아오다 보니 여기까지 오게 된거지요. 아직도 난 내가 겸손한지 어떤지 몰라. 그러나 그게 살아가는데 꼭 필요하다는 건 이젠 알지."

말보다 땀이 귀하다는 걸 믿고, 믿은 대로 걸어온 그다.

남 앞에 으스대지 않고 자신을 속이지 않는 소박한 실천, 그이가 노명환이다.

1935년   12월 8일 전북 부안에서 아버지 노기환 어머니 김복례 장남으로 태어나다.

1945년   8월 15일 일제로부터 해방된 10살때까지 일본이 우리말을 못 쓰게 하여 이때 내 이름은 노매이강이다.

1950년   6월 26일 15살 소년으로 남북전쟁으로 죄없는 백성들이 몇십 만명 죽고 다치는 참상을 지켜봤다.

1960년   초까지 이승만 독재정권이 날뛰다 4.19혁명이 일어났고, 많은 학생이 총탄에 맞아죽고 이승만이 쫓겨나는 꼴을 25살 청년의 눈으로 보았다. 민주주의가 살아나는가 희망을 가졌으나 박정희가 군사쿠데타를 일으켜 민주주의를 시궁창에 빠트리자 실망하고 스물다섯 늦은 나이로 군에 들어갔다.

1963년   스물여덟에 제대했다. 군 3년 동안 장준하 선생이 만든 《사상계》잡지를 사 보다가 함석헌 선생을 알게 되었다.

1966년   3월 15일 서른 한 살 때 스물일곱 순천 처녀 송옥자에게 장가든다. '살아보니 나는 내 아내 그림자였을 뿐이다.'

1970년 　4월 19일 함석헌 선생이 《씨올(알)의 소리》를 창간 하자 영구독
　　　　자가 되었다. 그해 11월호 '독자의 소리'에 죽음을 각오하고'사람
　　　　답게 죽자'란 글을 써서 많은 독자로부터 박수를 받았다.

1972년 　박정희가 영구독재집권을 바라면서 유신악법을 내놓고 계엄령
　　　　을 선포했다. 그 꼴을 볼수 없어서 유신악법을 비판한 글을 쓴
　　　　일로 '포고령 위반'으로 잡혀 들어갔다. 보통군법회와 고등군
　　　　법회에서 재판받고 서울구치소에서 3개월 감옥살이 하고 나왔
　　　　다. 구치소에서 나온 3일 뒤 함석헌 선생이 제자 네 사람과 면
　　　　회 왔는데 만나지 못했다. 그 뒤 선생님께서 "혼자만 수고하게
　　　　해 미안하다 그래도 승리했으니 고맙다"고 한 말을 듣고 감격
　　　　했다.

1989년 　함석헌 선생이 돌아가시고 《씨올의 소리》를 못 내다가 몇 해 뒤
　　　　다시 내기 시작해 지금까지 이어오고 있다.

1995년 　기념사업회에서 '함석헌 선생 시비를 세우자'는 안이 나왔고 실
　　　　행위원회에서 많은 시 가운데 "그 사람을 가졌는가"를 시비에
　　　　새기도록 결정했다. 나도 '시비위원회'에 들어가 혜화동 대학로
　　　　에 시비 세우는 일을 함께 했다.

1995년	6월과 8월 두 달 사이에 아들 노성철과 내가 잇따라 콩팥(신장)을 기증했다. 우리나라에서 처음으로 아비와 아들[부자]장기기증자가 되었다.

2012년	17년 동안 다니던 섬유 회사를 그만두고 산악회에서 온나라 명산을 다녔고 지금은 집에서 가까운 도락산(해발 500m)을 12년째 다니고 있다.

회사 다닐 때 마라톤을 17년 동안 몇만km 달려서 체력은 늘 자신하였다. 85세 나이에 산에 날아다닌다는 분에 넘치는 말을 들었다.

산에 갈 때마다 산길과 쉼터에 버려진 쓰레기를 줍고 큰빗물이나 산악오토바이가 파놓은 등산로를 메우고 다닌다.

한겨울에도 반팔을 입고 다닐 만큼 건강하고, 다람쥐 산새와 어울리고 산꼭대기 쉼터에서 책을 보며 하모니카를 불며 산속에 푹파묻혀 지낸다.

"오늘도 자연의 품인지 하늘나라인지 분간할 수 없는 산에 오를 수 있어 행복하고 고맙다. 하나님 고맙습니다." 외치며 하루를 보낸다.

사람이면 다 사람인가, 사람이라야 사람이지

저 푸르른 하늘에는 별도 많고,
이 드넓은 세상에는 사람도 많네
어두운 밤하늘엔 뭇별이 반짝이고
고을마다 사람다운 사람 많다면
얼마나 좋으랴.

사람이면 다 사람인가 사람이라야 사람이지.
우리네 인간세상. 미덥고 기대고픈 사람 있다면
얼마나 반가우랴

힘든세상 어렵게 살면서도 별처럼 우러르면서
세 스승 (함석헌, 장기려, 이오덕) 가르침.

마음으로 새기다가 깨우쳐 아무나 못하는 일
앞장서며 한 세상 살아왔네,

착하고 겸손한 들사람
그 진한 사람냄새 온 세상과 나누고자
작가 김시열 정성껏 매만지며 엮고,
주식회사 지식산업사가
널리 펴내나이다.

2022년 겨울.